成就的祕訣：金剛經

——星雲大師

星雲大師《金剛經》四句偈書法

一切有為法，如夢幻泡影，
如露亦如電，應作如是觀。

一切有為法
如夢幻泡影
如露亦如電
應作如是觀

星雲

推薦序

至善至美

時任王品集團董事長　戴勝益

一次，在用餐時，品嚐豐盛菜餚，入口卻發現淡而無味，在加入些許鹽後，就變得甘如珍饈。適量的鹽巴足以提味，過量的鹽巴則是難以下嚥，正如人生所追求的成就、經營的名利，均需適量平衡，以達至臻境界。

人的一生雖長過甲子，如何永續經營人生，成就人間至善至美的目標，才是生命中最大的價值。星雲大師開示眾生：「經營人情、不經營利益；經營分享、不經營個人；經營善友、不經營錢財；經營知足、不經營五欲。」這就是我們生命汲汲營營中，最大的喜樂與財富！

如何發揮個人、組織，甚至企業盈沛的能量，以星雲大師大作《成就的祕訣：金剛經》中的箴言去實踐，不僅開啟了眾生智慧，更領悟了世間極致的哲理與祕訣。

二〇一一年五月

自序

在人間成就

在中國佛教的傳布史上，有三部經堪稱為「心的經典」，包括佛陀的《般若心經》（簡稱《心經》）、《金剛般若波羅蜜經》（簡稱《金剛經》），以及中國禪宗六祖惠能大師的《六祖壇經》。

西元五世紀，中國歷史上的後秦．鳩摩羅什翻譯過《般若心經》，時至西元七世紀，唐朝玄奘大師所譯的版本在民間普遍流傳。至今《金剛經》流通最廣的版本，也是本書使用的版本，則為鳩摩羅什的譯本；玄奘大師也重新翻譯過《金剛經》。

中國兩大譯經師如此全心全力翻譯《心經》和《金剛經》，可見，這兩部經多麼不凡、多麼重要。

大家只要提起《金剛經》，就想到佛教；提起佛教，就知道有《金剛經》。現在的佛教徒大多以誦持《金剛經》來祈求消災、增福、增壽；有人往生，其助念的親友、僧侶也誦《金剛經》做為度亡之用。可以說高僧大德、一般大眾，都閱讀誦持《金剛經》。《金剛經》的文字優美、節奏有致，就算不能意會，光是讀誦或聽聞，也讓人心生平和、歡喜。

一九九七年，我完成過《金剛經講話》一書，用以爬梳、解《金剛經》之義，全書近三十萬字；十幾年後的今天，我想透過這本《成就的祕訣：金剛經》，和大家分享《金剛經》所揭示的實踐成就法門。

什麼是「金剛」？什麼是「般若」[注]？什麼是「波羅蜜」？五千餘字的《金剛經》，該如何解？應如何用？

《金剛經》藉由佛陀與座下「解空第一」的弟子須菩提之間的問答，闡述了「一切法無我」、「一切法皆空」的「般若空性」；一旦證悟了「空」、通透了「般若」，我們在人間，出世入世都能受用、皆得成就。

《成就的祕訣：金剛經》和大家共享佛法實踐於人間的信念：佛法是用來實踐的。我們每天的生活離開不了見聞覺知，離開不了人我大眾，若這一切都做為成就我的修行，成就我的信仰，則

注

讀音「ㄅㄛ ㄖㄜˇ」。

如禪宗六祖惠能大師所說：「日用常行饒益，成道非由施錢；菩提只向心覓，何勞向外求玄？」我們不但讀經，並且要能夠「行經」，學佛是為了在人間成就，在我們生活的行住坐臥之間，哪裡不能修行呢？

「般若」，正是成就的祕訣。

除了引述《金剛經》和其他大智慧的佛經外，我也引用了歷代禪門大德一燈破千年暗室的機鋒公案，希望大家在繁忙的現代生活，能會心一悟，一悟究竟，自身熾然光明！

整部《金剛經》可說有四大要義：無相布施、無我度生、無住生活、無得而修。佛陀在兩千多年前講的道理，不僅可以用在個人、僧團，也可以用在組織、企業。身為佛弟子，弘法利生是歡喜、是責任，我時時想到《金剛經》，並實踐《金剛經》的四大要義，信受奉行。

願大家從《金剛經》通曉成就的祕訣，都能在人間大成就！

二〇一〇年九月

目錄

第三章　金剛：斷除一切煩惱

第四章　無相布施：無限的功德

●第五章 無我度生：無上的慈悲

●第六章 無住生活：真正的自在

「波羅蜜」是古梵語，意思是「度」。

想要度過煩惱、度過困難、度過生死，更進一步轉苦為樂，轉差別為平等，轉煩惱為菩提，都要靠六度波羅蜜。

第一章——成就：波羅蜜

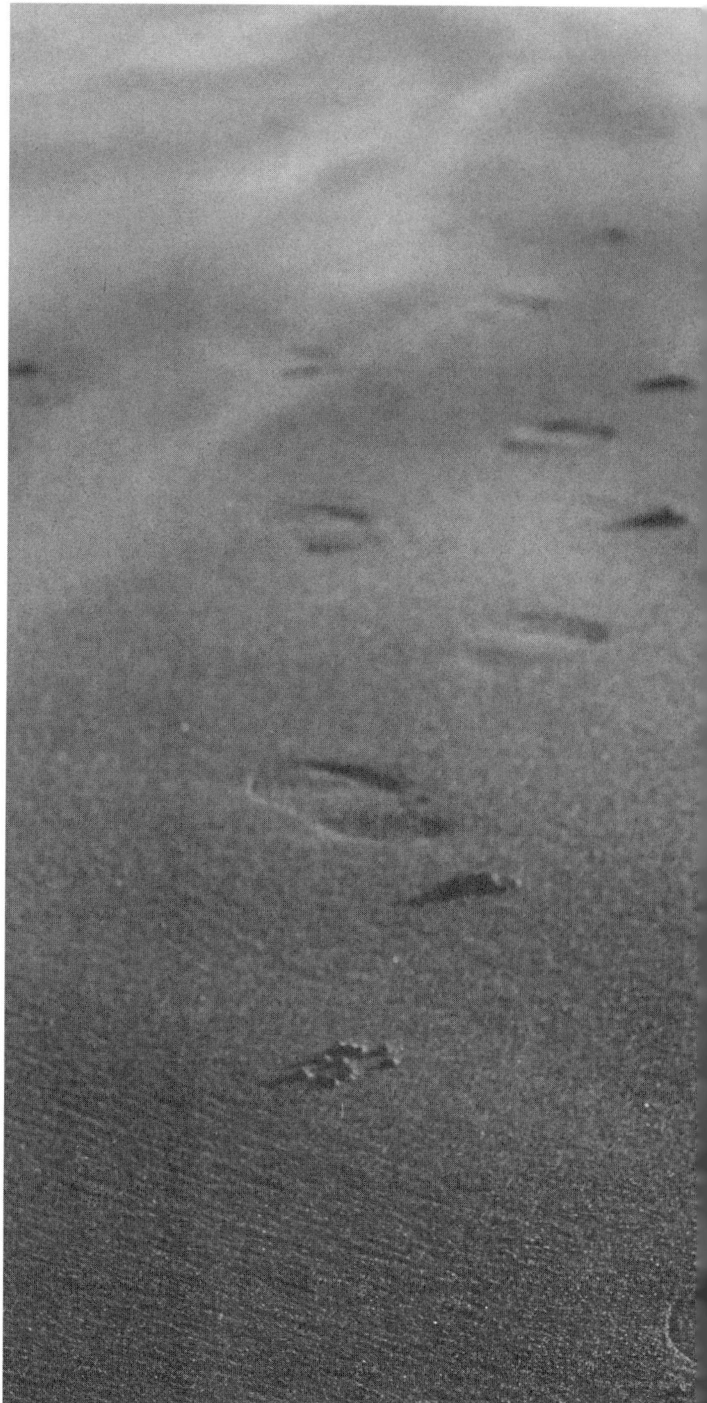

「成就」在一般的理解，不外乎現世的成就自我，以及擁有名聲、掌握權力、累積財富等等；在大乘佛法裡，「成就」，即是利益眾生，是修行的成就、佛菩薩的成就。

有不少人認為，出家人若要由凡轉聖，就必須割愛辭親、隱於叢林，也經常誤解「四大皆空」的含義，誤解「空」便是什麼都不要、都不追求，以為佛教講「空」就是空談玄理。

對佛教來說，「成就」的意思是「因緣果熟」，也就是「波羅蜜多」。「波羅蜜」是古梵語，意思是「度」——從此岸度到彼岸，「多」則是語助詞，意思等同「了」。翻譯成中文的佛經，在文字上選擇保留古梵語的「音譯」，而不作「意譯」，是為了保留最接近佛陀傳法時的完整概念，而不受文字翻譯的局限。

我們想要度過煩惱、度過困難、度過生死，更進一步轉苦為樂，轉差別為平等，轉煩惱為菩提，都要靠六度波羅蜜。所謂「六度」，就是「六種得度的方法」，第一是布施，第二是持戒，第三是忍辱，第四是精進，第五是禪定，第六是般若。稍後會有舉例和說明。《金剛經》的四大要義：無相布施，無我度生，無住生活，無得而修；就是從此岸度到彼岸，達到波羅蜜多的法門，這個法門再說得更簡單一點，就是「以出世的精神，做入世的事業」。

人的生命可以分為四個層次：

一、**肉體的生命**。

二、**大眾的生命**。

三、**超越的生命**。

四、**不死的生命**。

「肉體的生命」是父母給予我們的肉身，人身難得，要好好愛護。「大眾的生命」是在群體生活中盡自己的本分。「超越的生命」是在自己能力所及的範圍裡，為別人、為群體、為眾生奉獻所能並且利他。「不死的生命」就是佛教所說的「法身慧命」，生死不住於心，超越了生的苦惱與死的怖懼，了生脫死，不再輪迴於生死之中的永恆生命。

每個人的生命擁有無限潛能，每個人的心，都能決定並且完成他自己生命的價值與成就。

——重新認識世間的價值

母親晚年住在美國加州洛杉磯惠提爾（Whittier）醫院，一九九六年五月三十一日，我在台北接到母親病危的消息，立刻搭機前往洛杉磯。一路上，往事歷歷，母親的慈愛和微笑的面容浮現，如在眼前，心裡諸般感念交織，我默聲念誦佛號，為母親祝福。當飛機抵達洛杉磯，我直奔醫院，但是，母親已經往生，只能前去玫瑰崗瞻仰遺容。

照顧母親的醫護人員對我說，他是位慈祥惜福的長者，食衣住行素樸簡單，很少麻煩別人，總是替人設想，母親甚至要他們別向我通知病危的消息，以免驚擾我、讓我掛念。母親總是自己承擔一切，把思念和關愛的情感藏在心底。

母親往生前二十分鐘，囑咐陪伴在身邊的西來寺住持慈容法師：「謝謝你們為我念佛。現在我要走了，千萬別讓二太爺（指我）知道，免得他掛心，他應該為大眾而忙，不能為我一個人費心。」

面對由各處趕來的徒眾及家人，我決定依照母親的遺囑，不驚動外界，一切從簡。也遵照母親的囑咐，不接受輓幛、奠儀、香花、禮品等等。

我口述了一則敬告十方師友的訃聞：

星雲敬告各方師友：

家母劉玉英女士於一九九六年五月三十日凌晨四時二十分，於念佛聲中，安詳往生於美國洛杉磯惠提爾醫院，享年九十五歲。子孫及星雲之弟子多人在側。是日，隨即移柩玫瑰崗。

四天之後，母親在美國的玫瑰崗公墓火化。

在眾人的誦經念佛聲中，我輕輕地按下了綠色的火化電鈕，心中默念：「娑婆極樂，來去不變母子情；人間天上，永遠都是好慈親。」一陣火，一陣風，一陣光，永遠地送別了今生的母親。

母親在二十五歲的時候生下了我的身體，七十年過去了，母親往生，之後，他的身體，由我按鈕而火化了。人的肉身就像一間房子，我們只是暫時住在裡面；時間久了，漏漏修修，我們此生暫住的這間房子，總是會壞、會有不堪居住的時候。

二十幾年前，母親會到佛光山小住。有一回在信徒大會之前，問他願不願意和信徒見面、說幾句話。他答應了。本來，擔心母親也許難免會害怕怯場。出乎意料地，他面對台下兩萬多名的群眾，侃侃而談地說：「佛光山就是極樂世界，天堂就在人間，要靠大師好好接引大家，希望大家在佛光山得道。大家對我這麼好，我老太婆沒有東西送給你們，我只有把我的兒子送給大家。」

他的這番講話，激起信徒的如雷掌聲。母親雖然不識字，沒讀過什麼聖賢書，也從不為向別人說些什麼而有所準備，但是，他的一生，歷經清末的亂局、辛亥革命、民國成立、軍閥割據、北伐抗日、國共對立、文化大革命，乃至兩岸關係的與時變化，外在時局紛擾，讓他在流徙當中，別無選擇地走過近百年的時代變遷，他在生活裡，實踐佛法，無暇以佛法住心與否干擾思慮，已然超越字斟句酌的經文理解，而成就、圓滿他的此生。

而這個人間，我們是可以發願、乘願再來的。

∴ 人間佛教

我們學佛，也理解佛法在世間，但是，佛法究竟是什麼？

佛，就是「覺者」：自覺、覺他、覺滿。佛，超越有情眾生不覺悟的無明；也不若聲聞、緣覺二乘只追求自己的覺悟；佛，覺悟了菩薩尚未圓滿之境。

大家都知道，佛教的教主釋迦牟尼佛（又稱佛陀、世尊、如來等），原名悉達多，生於西元前五六五年四月八日（農曆），印度迦毗羅衛國的藍毗尼園。悉達多的父親淨飯大王是釋迦族的族長，母親為摩耶夫人，在悉達多出生後七天，他就過世了。

悉達多由姨母摩訶波闍波提夫人撫養成人。悉達多身為太子，俊秀聰穎、文武兼備，從小受到百姓的熱愛，父親更是全力栽培他成為一位英明的君王。十七歲那年，他娶了美麗的妃子耶輸陀羅。然而，宮牆之內的舒適安逸和親情的溫柔寵愛，悉達多內心深處仍然感到空虛，他對生命有更深的探求，對人生需要更真實的理解，於是，二十九歲那年，他告別家人，放下所有的舒適逸樂，離開他的宮殿，出外求道。經過多年的苦行，三十五歲那年的一個夜裡，悉達多在菩提樹下、金剛座上，仰望明星而悟道：

「大地眾生皆有如來智慧德相。」

悟道後的佛陀接著初轉法輪，成立僧團，在人間說法，度眾四十九年，西元前四八六年，於拘尸那迦羅城的娑羅雙樹間入於涅槃。

佛陀出生在人間、成長在人間、悟道在人間，涅槃也在人間；所以，佛教本來就是人間的佛教。目前世上流傳的佛教經典，是佛陀說法度眾的紀錄，佛陀涅槃後由弟子集會、整理結集而成。佛陀時代的佛法，原本就是針對眾人生活中的行住坐臥、思想舉止，以及最終如何能得解脫而說，佛法自然可以在日常生活中提出指導。佛教流傳到了現代，我們學佛，當然要有自己在世間積極的、勇猛精進的角色。

有些人以為佛法是用來逃避的，所以說「遁入佛門」、「遁入空門」等等，好像把佛法理解成遁逃、放棄、消極，而不要有所成就。

《阿含經》說：「諸佛、世尊皆出人間，非由天而得也。」六祖惠能也曾說：「佛法在世間，不離世間覺；離世求菩提，猶如覓兔角。」我們若是厭離這個人間而求覺悟，若是放棄自己的能力，而心生退縮逃避，是沒有成就可言的。

佛教不是出家人專有的宗教，也不是供學者研究的思想文字，佛教應該是有益於全民大眾的；佛教不是抽象的理論，而是能為人間帶來幸福快樂的宗教。學佛法在於學出快樂來。自在、解脫、禪悅法喜都是快樂，人生最寶貴的就是歡喜、快樂，因此活得快樂、幸福、自在，就是人間佛教所倡導的，是佛教精神在世間的實踐。

有一天，佛陀與弟子們入舍衛大城乞食，正好遇見對佛陀懷恨於心的人，這人立刻大聲和街上的行人談論、攻訐、誹謗佛陀。其中一位弟子看見他們當眾辱罵佛陀，於是，生氣地向佛陀說：「這裡的人沒有善根，不知尊敬三寶，佛陀，我們不如離開此處，到一個人心善良的城市吧！」

佛陀反問他：「如果搬到別的地方，還是有人不信奉佛法，那麼你要怎麼辦呢？」

弟子答道：「我們再搬到別的地方去！」

佛陀說：「為了外在境地的緣故，我們要搬到什麼時候為止呢？這不是究竟解決之道啊！根本的解決方法應是：如果我們受到輕賤，就要心不動念，以忍止諍，護於口，行於心，直到他們不再輕賤為止。」

佛陀接著又說：「一個開悟的人，安忍如大地，不應該受毀譽褒貶而動搖意志，以無我觀，觀察諸法虛妄，那麼我、人的幻象，乃至世間所謂的好壞，不過如水上泡沫，乍起乍滅，哪裡會恆常不變呢？」

佛教是讓人得幸福的佛教，是讓人有成就的佛教，是人間的佛教，是人的宗教，是教人的宗教；恆以「無常」觀看人間而悟得「諸行無常」，勇猛精進並能「諸法無我」，「以無所得故」才能於「真空」得「妙有」，「涅槃寂靜」，成就無限。

這正是佛教的「三法印」：諸行無常、諸法無我、涅槃寂靜。

∴ 轉化金錢為善財

在這個世界上，有許多人認為，衡量功成名就的標準之一就是賺大錢。其實，關於財富，佛教雖然主張出家人要清茶淡飯，所謂「三衣一缽」、「衣單二斤半」、「頭陀十八物」；但是「巧婦難為無米之炊」、「貧賤夫妻百事哀」，一個在家修行的人不能沒有錢財，否則如何孝養父母？如何安頓家庭、養家活口？何況布施救濟，也需要錢財做為助緣資糧，更不要說國家社會的各項發展，都需要國庫的豐實做為後盾。因此，人間佛教不輕賤錢財，只要是來路明白、用途正當的「淨財」、「善財」，都是有用的助緣資糧。

然而，我們也必須明白，世間的成就都是因緣和合而成。比如：一個人的成長，從呱呱墜地到長大成人，這過程有父母養護、師長教導，乃至各行各業供應衣食住行的因緣等等。我們讀書做人、成家立業，無不希望有所成就。但成就不是憑空想像，也無法不勞而獲。適當的外緣幫助，固然對自己有利；過分地依賴他人，也不能有所成就。

人往往貪心，如果有了錢，就會只想把錢存到銀行裡，就要積聚，那就不能創建事業；錢，生不帶來，死不帶去，都是五家共有[注]的，若能夠不執著於錢的擁有，讓錢財流通，成就更多的好事，才能發揮金錢的價值。所謂「十方來十方去共成十方事，萬人施萬人捨共結萬人緣」，那麼俗世的錢就兼具了出世與入世的大用。

有些人執著於修行就不要有錢、不能有錢，要住在貧窮裡；但是，貧窮並不保證更高的道行，這樣也是有我、有住，執著於「我要有貧窮的樣子」才是行者。除非一個人不必做事，要做事就離不開錢，這是一個現實的問題。若是一無所有，怎麼財布施？我們度生、布施，要有體力、才華、能力或願心，為什麼獨獨要排斥輕賤錢財，心或物質的貧瘠，在不同層面上會令布施和度眾有所局限。

真正值得關心的課題，應是如何將信施的善財、淨財、聖財，好好用在有利眾生的事情上，不應該落入「貧窮才表示修為足夠」的執念。現代化的佛教，只要是能對國家民生，對社會大眾經濟、生活有利的事業，佛教徒都應該去做，這才是真正的「無住」、「無我」。

注

五家（王賊水火惡子）共有：「王」意指國家的苛政賦稅，或貪官汙吏以種種的手段侵奪百姓的財物，使民不聊生；「賊」是指強盜土匪，劫奪人們的財富；「水、火」則包括天災，人禍、疾病，都能使人傾家蕩產；「惡子」是指不肖子孫，浪蕩家財。

——組織的成就：同體共生

《雜阿含經》有一則比丘爭誦經唄的故事。

有一天大迦葉對佛陀稟報：「佛陀！有兩位比丘，心性剛強，一位是阿難的弟子難荼，一位是目犍連的弟子阿毗浮，兩人時起諍論，相互爭誦經唄。明日約定一決勝負，比賽誰誦出的經唄最多，誰說的法最勝！」

佛陀立刻派人喚來難荼和阿毗浮，問他們：「你們有聽過我的教誡中，有教導人彼此鬥爭，分別勝負高低的經義嗎？」

「我們不曾聽過佛陀有諍論勝負的經義。」

「真正勝利的人，是止息貪瞋癡的迷亂，能勤修戒定慧三學，殺掉六賊造作；能正觀五蘊如芭蕉不實，以八正道為指標，證入大般涅槃為寂樂。背誦千章萬偈，不明自心，於解脫何益？」

佛陀要我們心能正定，遠離人我彼此的諍論。《金剛經》強調「應無所住」，於人間的企業，就是要能不執著一個固定的市場，不對舊市場、舊產業緊抱不放；而能夠勇敢地另闢舞台、另尋市場、另做新的創意組合。透過「重新估定價值」，「集體創作」，「制度領導」，開展出一個企業能夠嶄新，而且生生不息的生命空間。

∴ 重新估定價值

在《金剛經》中，佛陀要眾生不執著在人相、我相、眾生相、壽者相，不要讓分別心阻撓我們的修行，人間的組織或企業若是能夠體貼人性，關懷大眾的需要，設立方便多門，便能創造新的價值。

過去人們聽經聞法得要前往道場，但是，由於道場的偏遠、交通不便，往往令人猶豫。而道場的硬體設備，不一定符合聽講的需要，有些初聞佛法者，勉強聽一、兩次，就打消了聞法的善念。

《法華經》說：「所在國土，若有受持、讀誦、解說、書寫、如說修行，若經卷所住之處，若於園中，若於林中，若於樹下，若於僧坊，若白衣舍，若在殿堂，若山谷曠野，是中皆應起塔供養，所以者何？當知是處即是道場。」

《維摩詰經》也提到：直心是道場，深心是道場，菩提心是道場，布施是道場，三明是道場，一念知一切法是道場。

也就是說，在人間，應該處處都是菩提道場。為了讓佛法普及於人間，我們走入家庭、學校、工廠、農村、工地、軍營各地，並且持著「傳統與現代融和、信眾與僧眾共有、修持與慧解並重、宗教與藝文結合」的理念，一直在推行人間佛法。

佛光山及各別分院的建築，都設有講堂、會議室、教室、談話室、簡報室、圖書館，並漸次增設佛光緣美術館、滴水坊等等。讓信徒不只能入道場拜佛，在講堂、會議室、教室，也有佛法開示，我們讓出世與入世調和，山林與社會結合，出家與在家，隨時隨處都能修行。

佛教出世的精神，入世的實用，便是以佛的慈悲智慧救度布施眾生。世間以營利為目的的企業，也要時時因應外在條件的改變，有計畫、有組織、有效率地提供貼近人性需求的產品和服務，也就是「以出世的精神，做入世的事業」。

∴ 關於「集體創作」

組織、企業要創造新的價值，單憑一人獨撐大局、獨斷獨行是難有成就的，要集合眾人的創意與共同成就的意志。

佛光山早期一無所有，沒有現代化的設備，沒有當今流行的企管理論，但我們有群策群力、集體創作的共同默契。一九六七年，開山的工程，我帶著心平、心定、慈莊、慈惠、慈容等第一代弟子，胼手胝足，一草一木地開墾，一土一石地搬運。在荔枝園中描繪全山硬體的輪廓，在老慧明堂內討論弘化的宗旨。

從無到有的每個階段，大家偶爾或有見解上、看法上、判斷上的不同，但是，關係到佛光山的大方向、成就佛教的需要，步調馬上一致；從來沒有為了一己自私的爭執，只有一起克服困難、同舟共濟的用心。這是佛光山的開山精神。

「集體創作」不是由很多人支持一個人的獨裁，而是集體裡的每個人都有平等的參與，為了能夠廣泛徵求各方看法及意見。佛光山創建至今，幾乎沒有一件事不是用民主開會的方式來解決。在「員工會議」、「職事會議」、「單位主管會議」、「各院院務會議」中，不分年資、職務，都有平等的發言機會和參與表決的權利。由我主持的會議，只要路過的人有興趣，可以隨時坐下來旁聽，不受資格限制。這種民主作風，不但減少做事的阻力，也讓佛光人從開會中學習溝通的藝術，並且共享成長的經驗。

提到佛光山的開山階段，我腦海裡就浮現了當年大夥兒從早忙到晚，挑磚、挑沙石、扛水泥，汗流浹背的情景；工人下工回去了，佛光山的弟子繼續工作。而護法信徒的幫助更是多得說不完，所以我常說「佛光山的成就歸於大眾」。

佛光山不是個人的，而是一千三百多位出家弟子、海內外數百萬信徒、諸多功德主，還有各界人士的；也不是一天、一時成就的；而是點點滴滴、持續累積、同體共生的成就。

∴ 關於「制度領導」

佛陀的時代，僧團十分講究組織制度：佛陀的布薩舉過（僧眾聚集做宗教生活省思的時間）制度、羯磨議事（開會決議）制度，甚至比現代國家的法律程序還要細密周全。佛陀通達人性的管理方式、權巧變通的律儀規章，通透靈活，一點也不輸當今許多成功的企業。

我這一生沒有刻意掛礙自己的前途，沒有特別想要去造就什麼功業，都是隨緣。五十八歲那年，我交卸佛光山住持職位，也只是按照「制度」退位，之後，直接下山去了北海道場，我要讓接棒的人好做事，所以不要待在山上。如同佛教「依法不依人」，組織或企業在追求成就的過程中，同樣需要明確且可執行的「制度」。

佛光會現在有數百萬會員，佛光山整體運作和諧，弘法的腳步遍及世界各地，凡此種種，都是依隨「制度」運作的成就，才能夠令佛法打破人種、語言、文化的隔閡，透過佛教梵唄、書法、美術、出版、結合表演藝術等等，將人間佛教傳布到世界各個角落。

佛光人的成就是無得而修：光榮「歸」於佛陀，成就「歸」於大眾。「歸」，是奉獻修為的無得。佛光人與眾生同體、和諧共生。

∴一磚一瓦起高樓

「蛋未孵熟，不可妄自一啄；飯未煮熟，不可妄自一開。」蛋還沒有孵化的時候，將它啄破，小生命自此夭折；飯沒煮熟就打開鍋蓋，飯就難以煮得熟軟了。

天下沒有白吃的午餐，想獲得就要付出。我建議，一個人在年輕的時候不要怕吃苦、不要怕吃虧，要不計報酬地磨鍊出實在的經驗，增長自己的閱歷和見識，無論是讀書、創業，或從事任何的工作，不要急於成就；太容易成就，則生輕慢，志願不堅，很快就會失敗、從高處跌落。萬丈高樓平地起，這世上真正的成就都不是一蹴可幾，都不是僥倖而得，也都無法立竿見影，而是一磚一瓦，扎實地建起。正是大家常聽說的「大器晚成」，台灣諺語也說「大隻雞慢啼」。

事實上，速成還真不一定好，如同樹木，一年長成的只能當柴燒，三年、五年的可以做桌椅，十年、百年則成棟梁。所以，我們要無得而修，趁早擺脫急就章的得失心念，必須要「養深積厚，等待因緣」。千里之行始於足下，絕不能好高騖遠，不可懷有「念兩天佛號就心如金剛」的妄念。

禪宗六祖惠能從五祖弘忍手中得到衣缽，五祖送惠能到江邊，對他說：「日後的佛法將由你廣為傳揚，請一直向南走，不宜速說佛法。」

五祖告訴惠能，不要急於向外傳法，要緊的是等待合適的機緣。六祖因此隱居在獵人隊中，吃肉邊菜，等待機緣。機緣就是一切條件具備了，只要因緣具足，任何事情才容易成就，才能水到渠成。

∴ 橫遍十方，豎窮三際

常有人問我：「佛光山僧團人多，事業龐大，究竟是如何管理，竟能上下一心，和合無諍？」我往往以一句佛門用語來作答覆，那就是：「橫遍十方，豎窮三際。」

「橫遍十方，豎窮三際」，也是一句描述「法身自性」的話。所謂「法身自性」，就是我們本自具有的佛性。在「橫的空間」上來說，世上任何一種東西的大小都有其限制，唯有般若自性和我們的法身慧命，大而無外，小而無內，無處不遍，無所不在，所以說「橫遍十方」；在「縱的時間」上來說，雖然我們的肉體有生死，壽命有時而盡，但我們的佛性慧命卻能超越過去、現在、未來的時間限制，不生不滅，不來不去，所以說「豎窮三際」。

當年我自佛光山的住持退位，每逢山上重大活動，繼任的住持心平和尚都會來問我：「今年如何做呢？」

「參考往例吧！」我總是這麼回答。

參考往例，便是力求與宗風相應。但是，隨著時移世遷，凡事也應有所改革創新，故言「參考」，而不說「遵循」。

為了弘揚正信佛法，從早年單車下鄉，到社會現代化以後的汽車代步、空中來回，深深感受到現代化的交通工具確實給予弘法上諸多便利，然而適時的恪遵古制，也能使人認知佛教的真義。

例如：佛光山在一九八九年起，每隔一年舉行行腳托缽活動，不但將佛陀的慈悲與光明帶到台灣各個角落，給予善男信女供養種福的機會，對於出家僧眾而言，也是一項很好的體驗。

一九八〇年後，我們在台灣北、中、南三區首創的「回歸佛陀的時代」活動中，利用現代的聲光化電，使數萬信眾有如進入時光隧道，回到兩千五百年前的靈山勝境中，享受梵音的法喜。

「參考往例」，便是一種「豎窮三際」的表現。有所興革，就要商議協調，並且周知四方，開會就成了不可避免的程序；有時，學生們要求參加，我也不拒絕，這就是「橫遍十方」的作風。

過去我在叢林裡擔任職事，從接待賓客中，培養了敏銳的覺知，凡事先從一個點考量到其他的點，然後由點而線，再由線考量到全面，如果對事能有一個整體的觀念，將時空拿捏得恰如其分，就不會掛一漏萬了。

既然佛性充滿法界，「橫遍十方，豎窮三際」，故就理體而言，我與佛陀具有同一尊貴的佛性，所以我不必為威武所屈，也毋庸為富貴所惑。而在另一方面，我與眾生一體，因此，有時我可以高踞獅子座，宣佛妙諦；有時我也可以為大眾做牛做馬，犧牲奉獻。於是，我能大能小，能前能後，能有能無，能樂能苦，能伸能屈，能飽能餓。我雖非生而萬能，但是「肯能」、「願做」。

因為，「橫遍十方，豎窮三際」，就是要我們大開普門，不要有族群掛礙、分別對待，要能接引各界人士、三教九流同霑法益，讓眾生在不同領域、不同崗位上，都能將得益於佛法的種種善緣，普施於社會。

——佛教的成就：波羅蜜多

前面已經提過：「波羅蜜多」是古梵語，意思是「完成了，從此岸到彼岸，涅槃寂靜了」。既然知道必須從「迷」的此岸到達「悟」的彼岸，在心中時時惦記著就能完成心願嗎？《金剛經》卻說：「應無所住而生其心。」

「住」，就是「執著」，尤其是對自我的執著。諸如：以自我為中心、執著於自我價值的判斷，緊抓著一個念頭牢牢不放，或情緒執迷於愛恨悲歡，太過在乎自我的利害得失。

「應無所住而生其心」，就是要我們，以無私無我的般若智慧處世，才能達到涅槃的境界。

涅槃的境界是：

- **完全的平靜**
- **最高的妙樂**
- **持續的幸福**
- **福慧的完成**
- **徹底的離欲**
- **究竟的解脫**
- **真實的世界**

從煩惱迷苦的此岸，度到清涼寂靜、煩惱不現、眾苦永寂的彼岸，就是佛教的成就。具體的方法就是前面提到的「六度」，也稱為「六波羅蜜」，就是「六種得度的方法」，以「般若」為「第一波羅蜜」。

一、**布施**（**檀波羅蜜**、**檀那波羅蜜**）**：**把自身所擁有或所知道的施予他人。除了財物的布施（財布施）外，還包括佛法的傳揚（法布施）和信心的給予（無畏布施）。布施能除去五毒中的「貪」。

二、**持戒（尸波羅蜜、尸羅波羅蜜）**：不要只停留在不可以這樣、不可以那樣，而要從積極的層面來看五戒，就是幸福之道。如不殺生而護生，不偷盜而喜捨，不邪淫而尊重，不妄語而讚美。不殺生而護生就長壽，不偷盜而布施就發財，不邪淫而尊重就家庭和順，不妄語而讚美，名譽就會好了。戒的本質乃業果的認知，有業果認知的人不容易驕慢，故而持戒的殊勝觀察，主要在生起業果思維，從而戒除五毒中的「慢」。

三、**忍辱（羼提波羅蜜）**：包括「生忍」、「法忍」和「無生法忍」。菩薩能忍受一切有情侮辱，以及寒熱饑渴等，以此斷絕五毒中的「瞋」。

四、精進（毗梨耶波羅蜜）：包括「身」精進與「心」精進。心意上的精進，指身體力行善法、勤斷惡根，對治懶惰鬆懈。

五、禪定（禪度波羅蜜、禪那波羅蜜）：即心無雜念，不為俗務迷惑顛倒，就能除去散亂。禪定能去除五毒中的「疑」。

六、般若（智慧、般若波羅蜜）：以般若智慧，就能破除無明和愚癡。般若能去除五毒中的「癡」。

我年輕時很愛打籃球，所以常以打籃球譬喻：不論修行、做學問、待人處事就像打籃球一樣，不要單打獨鬥，要講究團隊精神，彼此配合，搶到球，掌握時機投球，犯規時，舉手認錯。打籃球一樣能夠運用六度的精神：球傳給隊友，助傳，令隊友上籃得分（布施）；遵守球場規則（持戒）；球賽中有時狀況激烈，難免有推擠碰撞，要能忍耐（忍辱）；想要有好成績，平時就要勤於練球（精進）；除了鍛鍊球技，更要增長謀略智慧，才能夠出奇制勝（般若）。

為什麼以「般若」做為「第一波羅蜜」？

《大智度論》說：「五度如盲，般若為導。」沒有般若，靠其他五度是無法究竟的，說明了「般若」為六度的根本，也是佛法的根本。《法華經》說：「三界無安，猶如火宅。」三界（欲界、色界、無色界）都像著火的房宅，我們只有讓自己的心清涼了，熾熱逼身的眾苦才會消失；以無所得的「般若」而修，才能從六度成就，而「波羅蜜」。

曹山慧霞禪師對侍者說：「悟道的人，無論內外多麼炎熱，也不會受到影響。」

侍者說：「是的。」

慧霞又說：「如果現在炎熱至極，你要到哪裡迴避？」

侍者說：「就往熾熱的火爐裡迴避。」

慧霞不解地問：「火爐熾熱無比，你如何迴避炎熱？」

侍者指著自己的心答說：「我這裡眾苦不能到啊！」

《金剛經》揭示成就的祕訣，就是「應無所住而生其心」，也就是「般若」；「應無所住」是「真空」，「生其心」是「妙有」；「真空」才能「妙有」。般若智慧能明澈身心如水月，從虛妄執迷的此岸渡往常樂我淨的彼岸。行者就能夠化炎熱的世間為清涼國境，轉化濁惡的煩惱成為琉璃法界，無入而不自得。

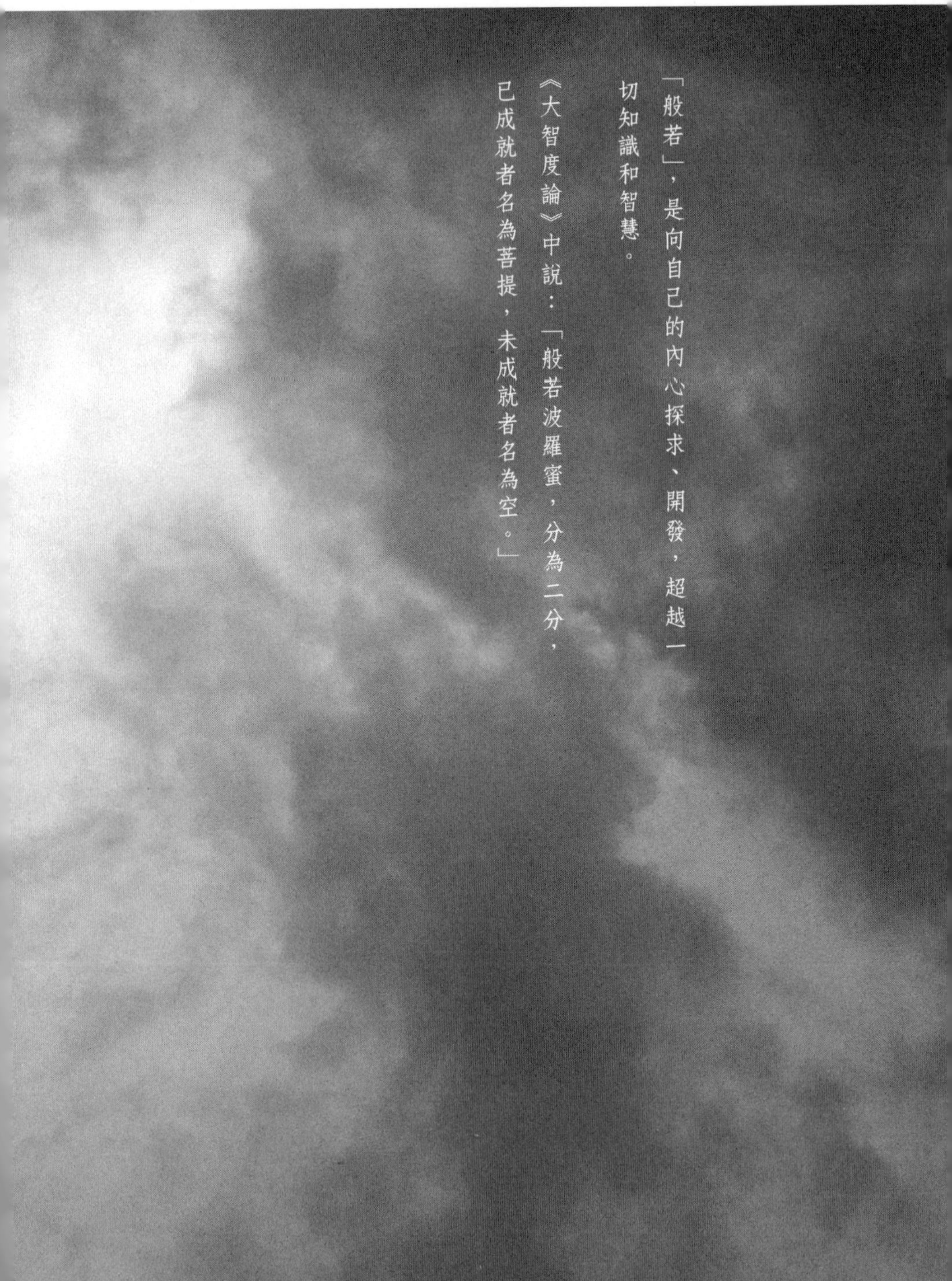

「般若」，是向自己的內心探求、開發，超越一切知識和智慧。

《大智度論》中說：「般若波羅蜜，分為二分，已成就者名為菩提，未成就者名為空。」

第二章——祕訣：般若

佛陀在靈山會上拈花示眾，是時，眾皆默然，唯獨迦葉尊者破顏微笑。佛陀曰：「吾有正法眼藏，涅槃妙心，實相無相，微妙法門，不立文字，教外別傳，付囑摩訶迦葉。」佛陀至多子塔前，命摩訶迦葉分座令坐，以僧伽梨圍之，遂告曰：「吾以正法眼藏密付於汝，汝當護持，傳付將來。」

這是《五燈會元》裡的一則著名公案——拈花微笑，說明禪宗的傳承，根源於靈山會上佛陀傳法給摩訶迦葉。在所有人的面前，佛陀和摩訶迦葉「以心印心」、「心心相印」，而不是透過語言文字的辯解詮釋，解離了文字可能造成的矛盾和誤解，直入本心。

之後，二十八祖菩提達摩東來中土弘法，以「壁觀」教人如何「安心」，直指「真如」，也就是「般若」。此後五傳至弘忍，到了六祖惠能之後，「南宗禪」波瀾壯闊，應驗了達摩祖師「一花開五葉，結果自然成」的預言。

——什麼是般若

從過去到現在，要了解「般若」是什麼，大多還是透過對佛經的研讀與了解。往昔法師講經，是依據一部一部經典，說文解字，逐句說明；講一部經往往要幾個月，甚至一年半載。據傳昔日天台宗智者大師講《妙法蓮華經》的時候，光是經題上的一個「妙」字，就一連講了九十天，因而有「九旬談妙」的公案。

禪宗自六祖惠能大師以後，分為「南頓北漸」，即所謂的南宗禪和北宗禪。南宗禪以《金剛經》，北宗禪則以《楞伽經》印心。六祖惠能故鄉在嶺南，聽到有人念誦《金剛經》而契入佛法，後來到了黃梅，聽五祖弘忍講說《金剛經》，至「應無所住而生其心」，當下茅塞頓開。五祖傳法印心，惠能成為禪宗六祖。《金剛經》從此取代了達摩東來以「《楞伽》四卷，可以印心」的傳統地位。因此，想要了解禪宗、佛教、般若，從《金剛經》著手是非常好的。

我們現在講求「知識」，每個人只要睜開眼就有好多的知識撲面襲來。「知識」可以幫助我們分析、了解世間的現象；至於漢語的「智慧」，則有善有惡。比如老子所說「絕聖棄智」的「智」，日常生活說的「智慧型犯罪」，都不是善的智慧。「般若」，則是向自己的內心探求、開發，超越一切知識和智慧，所以在佛法上，「般若」保留了梵文的音譯而不作意譯。

我想到，自己十五歲受具足大戒時，嘗到「以無情對有情，以無理對有理」的滋味。

受戒師父問我有沒有殺生過，我答：「沒有！」

突然一大把柳枝就打在我頭上，「難道蚊子、螞蟻都沒有殺過嗎？」

我連忙改答：「有。」突然間柳枝又打在頭上，因為殺生是罪過。

接著師父問我：「你受戒是剃度師父叫你來的嗎？」我答：「是我自己來的。」柳枝第三度打在我頭上。「師父沒叫你來，你自作主張，該打。」自然我謹受教，改答：「是師父叫我來的。」

「不叫你來你就不來了嗎？」又是第四次打。

在五十三天戒期中，更吃了不少苦頭。偶爾聽到一些山聲水聲，難免想知道聲音從哪來，給戒場上的引禮師父看到了，藤條立刻落在身上，「聽什麼，把耳朵收起來，小小年紀，什麼聲音是你的？」挨完罰，趕緊收攝心神，任何風吹草動都不入耳。師父的藤條又立刻追上，「把耳朵打開聽聽，什麼聲音不是你的？」偶爾放鬆望向四周，就被狠狠抽上一記，「眼睛東瞧西看的，哪一樣東西是你的？」出堂之時，一陣風過，有雁飛翔，立刻警覺地閉目不看，哪想到師父的藤條仍不放過，「睜開眼睛看看，哪一樣東西不是你的？」

「有理三扁擔，無理扁擔三」，當頭棒喝，柳枝打掉我執的驕傲與剛愎，轉化為無我。

當我們以為自己懂得了、了然於心了、悟道了，凡事就有定見、成見，甚至拿知識和修行，與人較量，要爭個高下，知識反而成了我們的障礙。

有相的知識或思想也會讓人執著、計較。小孩子常常不明就裡，向別人說：「這是我爸爸說的，我媽媽講的。」讀了幼稚園以後開始變成：「我老師說的。」讀國中則又是：「我同學講的。」到了青年時期換成是：「我男朋友講的，我女朋友講的。」三十、四十歲以後，慢慢就說心靈導師說的、哪個上師說的。佛陀於《金剛經》中卻說：

須菩提！汝勿謂如來作是念，我當有所說法。莫作是念，何以故？若人言如來有所說法，即為謗佛，不能解我所說故。須菩提！說法者，無法可說，是名說法。

為什麼佛陀要說，如果有人說「如來有所說法」就是毀謗佛陀？

《大智度論》中說：「般若波羅蜜，分為二分，已成就者名為菩提，未成就者名為空。」「空」有層次，茶杯是空，房間也是空，虛空也是空，有層次的。我們「寧可起有見如妙高山，不可起空見如芥子許」。「空」有十八空，空到最後恐怕會進入頑空、斷滅空，形成斷滅見。所以不如不要把「空」做為一個修學的目標。我們從《金剛經》這段文字就可以理解：

須菩提！汝若作是念：「如來不以具足相故，得阿耨多羅三藐三菩提。」須菩提！莫作是念：「如來不以具足相故，得阿耨多羅三藐三菩提。」須菩提！汝若作是念：「發阿耨多羅三藐三菩提心者，說諸法斷滅。」莫作是念。何以故？發阿耨多羅三藐三菩提心者，於法不說斷滅相。

說諸法斷滅，就會落入斷滅的偏執。但是，發無上正等正覺心的人，於法不說斷滅相，不著法相，也不著斷滅相。

「般若」是三世諸佛之母，直指本心，穿透文字障、知識障、無明障等種種世間煩惱憂苦，直接通達諸佛的大智慧，並於現世實用，即是成就的祕訣。

「般若」是正見、正覺。「般若」是知道一切法依因緣而起、虛假而有。「般若」是了解「緣起性空」，「真空」才能「妙有」的空不滯空、有不住有。「應無所住而生其心」是每個眾生皆具備的真心，要自己體察，在生活實踐，才能明澈放光。

我曾將般若分為以下層次：

一、人天乘：正見

就道理發表意見，不會離題，不會錯誤，等於照相，照出本來面目。凡夫所能了解的因緣，就是正見。一般人經由各種學識、經驗，容易了解世間許多癡妄的因緣，例如：病痛、煩惱、破財等等，能夠知因而離苦，得到解脫，這是入世法的因緣。

二、聲聞、緣覺乘：因緣

所謂「果從因生、事待理成、有依空立」，比人高一點的聲聞、緣覺、阿羅漢了解出世法，能夠勘破五蘊皆空，離所知障，把心靈提升到更高一層的境界，知道萬事萬物無對待，知道六道眾生相互而生，他就懂得「因緣」的真實境界了。

三、菩薩乘：空

是菩薩的階段，這時候不但證悟了世間法，也證悟出世間法，而且能進一步以出世之心行入世之緣，「一色一香無非道，或語或默終是禪」，以空為因為緣，自然能知成萬事了。

四、佛：般若

是佛陀的層次，是證悟了自性般若之後，本體與現象不二的境界。在這個境界裡，沒有世間法與出世間法的界限，也泯除了一切人我世相的痕跡，因緣自來自去，不來不去，不住色相，一切自然和合圓滿。

我們可以用樂器演奏來了解這四種層次：

不論如笛、簫、提琴、鋼琴之類，初學時，都要從認譜和按鍵按弦開始，一音一調地練習、摸索，依照樂譜上的記號一個音一個音練，必須看譜（外境）才能彈的情形，是第一層次的「正見」。

等到完全練得純熟流利，樂譜已經銘刻在心版上，不需要看譜而心中有譜，雖然不看譜，可是心裡還有個譜本在（內外合一），是第二層次的「因緣」。

繼續用心練下去，不看譜，心中亦無譜，一闋樂章可以渾然忘我的一氣呵成，完全流轉無痕（內外相忘），心內心外都沒有譜，卻總還有個「譜」的因，要照存在的譜彈，不能隨手自成樂章，這是第三層次的「空」。

等到對音律、樂理圓融無礙，就可以與大化共流行，隨心之所遊、神之所馳而揮灑成曲，一遊心即是般若，無忘無不忘（無內無外），是最高層次的「般若」。

其實，正見、因緣、空、般若等四者，都是「無為法」，所謂「三鳥飛空，跡有遠近，空無遠近；三獸渡河，跡有深淺，水無深淺」，也就是說，麻雀、鴿子、老鷹，能飛得遠近有別；兔子、馬、大象，因為身子大小不同，渡河時潛在水下的體積有異，但是，空沒有遠近。這個比喻在說：證悟雖有深淺，但般若真性沒有深淺，也不應住深淺，不要落入斷滅見。

《金剛經》說：「凡所有相皆是虛妄。」

初聞佛法的人，可以從有為，先從「有」的上面去理解為何說「凡所有相皆是虛妄」，即所謂「欲會無為理，先從事相看」。

人常常就是被心外的假相所迷惑，明明是假的，我們當做真的，明明暫時的，卻貪戀不捨，所以我們的心住在「有」裡，在心外執著，在功名地位上執著，最後感到無盡的寂寞、高處不勝寒；在名利上執著，錢過多了，有時人為財死。所以，世間上的無論什麼東西，我們可以擁有，但是不要過度貪求，過多反為拖累煩憂，所以我們應該用般若的智慧來看世間一切。

∴ 生活處處有般若

如何過「放光」的般若生活？

《金剛經》開卷即言：佛陀以日常的穿衣吃飯，顯示「般若」的妙趣，令眾生都能在生活的行、住、坐、臥當中，體會、實踐「般若」。吃飯時，口中放光；持缽時，手上放光；入舍衛大城，即足下放光；打坐時，通身放光，這些都是表現智慧、表現般若。

如是我聞：

一時，佛在舍衛國祇樹給孤獨園，與大比丘眾千二百五十人俱。

爾時，世尊食時，著衣持鉢，入舍衛大城乞食。於其城中，次第乞已，還至本處。飯食訖，收衣鉢，洗足已，敷座而坐。

阿難尊者說他從佛陀那裡聽聞：

那時候，佛陀住在舍衛國的祇樹給孤獨園中，有一千二百五十位大比丘眾隨侍左右。到了吃飯的時候，佛陀穿上袈裟，拿著飯缽，帶領弟子們走進舍衛城，挨家挨戶地托缽乞食。之後，回到給孤獨園中。吃過飯後，佛陀將衣、缽收拾好，洗淨了腳，鋪好座位，盤腿坐著。

我們來看佛陀在《金剛經》開卷示現的六度（六波羅蜜），如何令日常生活的行止從容自在：

一、**持戒波羅蜜：**著衣持缽（手上放光）。示現律儀的肅靜、安詳。

二、**布施波羅蜜：**城中乞食（足下放光）。佛陀乞食，令眾生聞佛法，以佛法布施，和眾生結緣。

三、**忍辱波羅蜜：**次第乞食（雙眼放光）。乞食依次第，不論滿缽、空缽，食物好壞，都平等以視。

四、精進波羅蜜：飯食訖（口中放光），收衣缽。佛陀從入城乞食到收衣缽，一切不假手他人。

五、禪定波羅蜜：洗足已，敷座而坐（通身放光）。

六、般若波羅蜜：佛陀一日的生活，從穿衣吃飯到洗足敷座完成五種波羅蜜。這些呈現於外的日常形相，無非是般若的「相」，般若的「體」就是以「般若」為心，妙用於生活的行住坐臥，成就「波羅蜜」。

佛陀於《金剛經》開卷示現這段般若放光的六度生活，不以戲法作怪展現神通，而要我們在平凡無奇的日常生活中，以自己內心本具的「般若」，過放光的般若生活。

般若是光，光是沒有染汙，是清淨自在的。放光不是諸佛菩薩才有的，只要在生活裡，我們說柔軟的、善良的、讚美的語言，這不是口中在放光嗎？

觀看人世，以慈眼平視眾生，以慧目觀照社會，這不就是眼睛在放光嗎？

能親手為別人服務勞動，不也是手掌放光？

聽聞佛法、聽聞歌頌佛德的梵唄，這不是耳朵在放光嗎？

滿臉的笑容、滿面的慈祥，這不就是面容在放光嗎？

心中的慈悲、菩提、道念，這不就是心中在放光嗎？

身體的端正，行立坐臥的威儀安詳，對於他人的輕賤垢穢能含容不二，這難道不是通身放光嗎？

人，如果到了無光可放，就如同「黑漆皮燈籠」。我們不要只管外面的陽光、電光、燈光、火光，更不要去在意邪魔外道的暗光與假光，最重要的是，我們自己的「光」在哪裡？我們的眼、耳、鼻、舌、身都能放光嗎？我們的「心」能夠「放光」嗎？我們能點亮真如自性、般若真理的心光嗎？

《地藏經》云：「下心含笑，親手遍布施。」諸佛菩薩要成就度化的因緣，是謙卑如地，含笑親手布施。如是修持，則生活中有般若，人人得安然，灑脫自在。

——如何實踐般若

∴ 沒有人能代替你活或覺悟

般若如何內心本具？如何能開悟見性？不依靠聖水、符咒或是上師的灌頂加持，要打破內在的黑闇執迷，一切都要靠自己，別人代替你不得！

智閑參訪溈山禪師，溈山禪師問道：「聽說你在百丈禪師處問一答十，問十答百，是真的嗎？」

智閑答言：「慚愧！」

溈山禪師：「這不過是世間上聰明的辯解，對了生脫死毫無助益，現在我問你，什麼是父母未生前本來面目？」

智閑茫然不知如何回答，沉思許久，請示道：

「請禪師慈悲為我解說。」

溈山禪師：「我知道的，我若為你說破，你將來真正開悟時會罵我。」

我們學佛，如果只是追求勝境感應，貪得上師指點，為我們免難消災，就錯用心機了。我們若是只旁觀別人鍛鍊身體，自己是不會強壯敏捷的。工作的專業需要系統化的練習，我們想要解悟慧命，又何嘗能夠輕慢貪懶？

道謙禪師與好友宗元結伴行腳參學，途中，道謙不能忍受跋山涉水的疲困，三番兩次鬧著要回去。

宗元就安慰他說：「我們發心來參學，現在半途而廢實在可惜。我知道你很倦累，那麼從今以後可以替你做的事，我一定代勞，只是有五件事我幫不上忙。」

道謙問道：「哪五件事呢？」

宗元笑答：「穿衣、吃飯、屙屎、撒尿、走路。」

宗元的話，道謙終於領悟，不只穿衣、吃飯、屙屎、撒尿、走路；本來，別人就真是沒有辦法代替我活著，想要得參透慧命，又怎能起依賴的怠惰心？

有些人即使信仰佛教多年、深入經藏，能夠把佛書中的道理說一大堆，但是，在生活中無法落實，是非得失不能放下，這樣就不能契合《金剛經》的旨趣。如果將佛教與生活分開，離開生活就沒有「般若」，也就無法了解「空」。

有一個商人，平時信佛，只是脾氣暴躁，生氣時，常常口不擇言叱罵自己的母親。有一天他到廟裡去燒香，看到觀世音菩薩那麼莊嚴美好，心裡想：觀世音菩薩有求必應，我如果能親自見到，請菩薩幫忙我生意興隆、做事順利，一定可以賺更多的錢。於是他向住持和尚請求：「法師啊！我要怎麼能見到觀世音呢？」

住持和尚為了度化他的癡迷，就對他說：「你回家去！如果看到衣服穿反了，鞋子套錯邊的那個人，就是觀世音菩薩，他是有求必應！」

商人歡天喜地趕路回家，一路上並沒有見到法師所說的菩薩，心裡正氣憤法師騙他，回到家大力地敲門。母親聽到急促的叫門聲，又急又怕地來開門，結果衣服、鞋子都穿反了。

打開門，商人一見母親的樣子，不就是法師所說的觀世音菩薩嗎？他恍然悔悟，身邊的母親，用血乳哺育他，一生終老殷勤地照料他，不就是有求必應的菩薩嗎？商人自此痛改前非，恭敬孝養母親頤養天年。

並非在誦念《金剛般若波羅蜜經》時才有般若，也不是一定要閉關當中才有般若，般若在平淡無奇的吃飯穿衣之中，在平常待人接物處世之中。

龍潭崇信參訪天皇道悟禪師，一住就是二十年，但他始終認為沒有得到一點佛法，於是就去告假離山。

天皇禪師問他：「你要到哪裡去呢？」

龍潭回答說：「我要去參訪佛法。」

「這裡就有佛法了，你還要到哪裡去參訪呢？」

「我來了十幾年都沒聽到你為我開示佛法，這裡怎麼會有佛法呢？」

「哎唷，你可不能打妄語啊！」天皇禪師說：「怎麼說我這裡沒有佛法呢？平常你端茶來，我就接過來喝；你拿飯來，我就接過來吃；你向我合掌問訊，我就向你點頭回禮；這些處處都在告訴你佛法，怎麼說沒有呢？這些就是佛法，就是生活中的般若啊！」

「哦！這就是般若啊！」龍潭說：「讓我想想看。」

天皇禪師說：「你不能想，想就有分別心，就不是般若了。」

龍潭言下終於大悟了。

這正是「不可思議」，悟在當下。清朝溥畹大師著《金剛般若波羅蜜經心印疏》，講到：「爾時須菩提即從座起，偏袒右肩，右膝著地，合掌恭敬，作如是言。」這一段，他解釋，悟道的人，像飛龍乘風乘雨去，尚未開悟的人，則像蝦子、螃蟹，猶在努眼睛。對沒有悟道的人那種茫然的樣子，形容得可謂活靈活現，所謂「燒尾鼓浪成龍去，蝦蟹猶然努眼睛」。

我們一輩子都有頓悟的機會，我們每天都有頓悟的時刻，賴床的人每天在遲到的苦惱中頓悟要早，體能漸差的人每天都頓悟要運動，但都只是想一想，習氣難改，所以「悟」，不能只是一時短暫的「了悟」，要能夠在現實的「實踐」中「體會」，於「現世實用」，才能體悟「生活禪」——生活便是禪，才能逐漸地度煩惱、苦厄，得自在菩提。

《雜寶藏經》有一則婢女與羊相瞋的故事：

有一個婢女，負責磨坊的工作，每天早上要把主人交代的大麥、黃豆等雜糧研磨成粉。有一隻羊常常趁婢女不注意的時候，偷吃豆粉。因此婢女常被主人懷疑研磨的豆粉斗量不足，而被怒叱責打。每次婢女被主人責怪後，就生氣拿起竹杖捶打羊，屢次挨打的羊，心中也積集怨恨。

有一天，婢女在生火，羊看見他空手無杖，就用角去觸犯他，婢女又氣又急，就拿起著火的木柴打羊，羊被火燒痛時，四處翻滾，身上的火苗，焚燒村人、房舍，並且殃及山野。山中有五百隻獼猴，走避不及，也被火燒死。

羊和婢女相互含瞋怒怨，造成這麼可怕的災難。所謂瞋火一起，燒盡功德樹林；瞋怒一生，剎那飄墮腥風血雨的羅剎鬼國。

《優婆塞戒經》說：「菩提有三種：一者從聞而得，二者從思惟得，三者從修而得。聲聞之人從聞得故，不名為佛；辟支佛人從思惟已少分覺故，名辟支佛。如來無師，不依聞、思，從修而得，覺悟一切，是故名佛。」

如來就是佛陀，不是因為聽聞佛法、思慮佛法，而是在自己修道的過程覺悟了佛法，所以能夠成佛。

有個男子是做小偷的，有一天，兒子問他：「爸爸！你老了，我怎麼來謀生呢？你總該傳授我一點祕訣吧！」

父親說：「好啊！今天晚上傳授給你！」

到了夜靜更深的時候，父親叫兒子隨他出去，找到一戶人家就下手偷東西，他們偷偷地跳了牆，進了室內，打開了櫃子，父親叫兒子先藏在櫃子裡，忽然父親大叫：「啊！有賊！有賊！」

主人聽到後，馬上醒來捉賊，老賊已經跑了，小賊就關在櫃子裡面，心想：「父親真是豈有此理，怎麼把我關到櫃子裡，就大聲一叫跑掉了，叫我怎麼辦呢？」這時候他只能靠自己脫離這個危難。

情急智生，他想一個辦法，在櫃子裡學老鼠叫：「嘰嘰喳喳……」主人拿著燈在找賊，聽到老鼠叫也就鬆懈了，「唉呀，這是老鼠叫，賊跑掉了。」當他們防守一鬆，小賊衝出去，把燈用力吹滅。主人立刻隨後追趕，小賊很是著急，「糟了，後面又追來了。」他隨時又想了一個辦法，走到一個古井邊，拿一塊石頭丟入井中，主人追到井邊說：「唉！今天出人命了！」說完就走。這小賊就這樣安然地回家。

回到家，兒子就責問爸爸說：「你今天怎麼這樣捉弄我？」

爸爸問：「我怎麼捉弄你？」

兒子說：「你把我關進櫃子，大叫：『有賊！有賊！』」

爸爸就問：「那你怎麼出來的呢？」

兒子就如此這般一說，爸爸聽了很高興，說道：「兒子，我有傳人了！你悟到這個道理，就知道隨機應變要靠自己，別人是不能傳授我們什麼啊！」

我們在生活中常常聽到學生怨老師偏心，徒弟怨師父不傳授真正的祕訣，子女怨父母偏愛，但是，成就生命的祕訣不是別人給的，「般若」是我們自己內心本具的，是我們成就的願力，和實踐的執行力。

若是不內求般若，不實踐般若的生活，只是空談般若，又有何用？

當五祖把衣缽傳給惠能以後，知道眾心一時不能明白，於是要他深夜離開。六祖惠能離開黃梅以後，有數百位和尚為了衣缽追逐而來，惠明追趕上他，想要搶奪五祖傳給他的衣缽。惠能便將衣缽放在路旁的石頭上，說：「衣缽是法的象徵，豈可用暴力來爭奪？要就拿去吧。」於是隱身草叢裡。當惠明要拿衣缽時，拿不動衣缽，明白了，心生慚愧，就請求六祖惠能為他開示佛法。惠能教他：「不思善、不思惡，制心一處而無妄念。沒有妄念，就是般若。」

惠明又問：「除了這個密意，還有沒有其他的密意？」

惠能回答他：「如果能說出來的話，就不是密意了。假如你一定要探求密意，要能夠從自性裡面去追求，密意就在你自己那裡。」

真正的密意是「心行處滅，言語道斷」，清淨自在的般若，就在我們的心裡。領會了密意、領會了般若，還是要落實到衣食住行的個人實踐，活用應變。

∴ 在組織中養成執行力

執行力也是組織企業通往成就的祕訣。

當年，梵蒂岡安霖澤（Arinze Francis）樞機主教對於佛光山在一九九六年底，以不到三個月的時間，妥當地安排、協助在台灣舉辦天主教與佛教領袖對話的國際會議，印象極為深刻。前教宗若望保祿二世知悉此事後，也企盼能和我見面。

只要相信心的力量，每天往好的方向想，想這件事一定會做成功、想該如何能夠做得成功，每天眼睛睜開都覺得很有希望，不停去做，就一定會完成。

世間事業的失敗，經常就是因緣不具，因此培養因緣，是人生成功最大的祕訣。所謂「諸法因緣生」，一切事業都要有資金、土地、市場、計畫、文宣、人才等等，任何因緣的缺少，事業就不容易成就。所以，受困的時候，不必怨天尤人，要與人結緣，眼裡有人，才能把人做好，把人做好，才容易與人廣結善緣，以自己的能力發心，回向給別人，把自己融入到其他的因緣之中，將來因緣具足，就能有所成就。

許多事情都在很艱難的環境中完成，但我自己不覺得難，別人不敢想的，我都願意鼓起勇氣去嘗試，碰到挫折不放棄，佛法講因緣，因緣和合而成，因緣不具，一切事情皆難成。所以，因緣不具足時，就等待因緣或創造諸善緣。只要最終決定要做，我會向弟子們解釋必要性及重要性，不輕易屈從多數人的反對。

有一年，資深記者陸鏗來訪，有朋友對他說：「你要去勸勸大師，佛教辦報紙是不可能的事，千萬不要做。」結果一席長談，陸鏗非但沒有讓我打消主意，反而被我說服在《人間福報》開一個專欄。

年輕時我就養成習慣，隨時思考：「倘若將來有機會辦雜誌，該如何編排充實的內容？

倘若有機會傳法，該講些什麼內容？」我從來不在因緣不具足的時候，只是空等、徬徨、悲觀，我傾聽、從無相布施的過程當中，向世間眾生萬事萬物學習，累積經驗智慧，一旦機緣成熟，不論創建道場或興辦學校，一切構想、程序、細節早已成竹在胸，自然能夠順利進行。

佛陀每每在宣講法音妙諦時，首先必須具備六種因緣的成就，像《金剛經》的開頭：

信成就——大眾對聞法的信心已經建立了。（如是）
聞成就——大眾都已具備聞法的福德資糧。（我聞）
時成就——講說的時節因緣已經成熟。（一時）
主成就——說法主正歡喜地演說妙法。（佛）
處成就——法會的地點非常的合適。（舍衛國祇樹給孤獨園）
眾成就——聞法的信眾都集合到齊。（大比丘眾千二百五十人俱）

要啟建一場法會，必須有六種因緣的成就。我們今日讀《金剛經》難道不是殊勝的因緣？我們每個人的生存，都要感謝世間的因緣，感謝別人成就我們，這是多麼值得歡喜讚歎！宇宙間萬事萬物都是因緣和合而成。

佛經裡一概沒有交代講經的年月日時間，都用「一時」來交代。為什麼佛典不明確表明時間？因為所謂的時間概念，不過是緣於眾生業感果報不同。例如：地球上每一個國家的時間都不一樣，台灣的時間是下午一點鐘，美國卻還是凌晨。一個地球因為地域不同，就有「時差」的分別。佛經的「一時」泯除眾生對有限時空的觀念。只要我們和佛能夠一心合會，就算只是「一時」感應，在法性裡卻是亙古無窮的受用。

《長阿含經》裡有個吹法螺的故事，可以用來比喻因緣和合的關係。

很久以前，有個村落裡的人從沒有聽過吹法螺的聲音。有一天，一個善於吹法螺的年輕人，來到這個村落拿起法螺吹了三聲，然後把法螺放在地上，村莊裡的男男女女聽到這聲音，都十分驚奇，紛紛跑來問這個年輕人：「你吹的是什麼聲音，怎麼如此婉轉悅耳啊？」年輕人指著法螺回答：「是這個東西發出聲音。」村民們用手碰觸法螺說：「喂！你可以再發出聲音來嗎？」法螺卻默然不響。

年輕人再拿起法螺，又吹了三聲。村民們才恍然大悟：「優美悅耳的聲音，並非是法螺的力量，必須要有手、嘴、氣彼此合作，法螺才能發出聲音。」

管理的最高境界是心的管理。佛光山以人間佛教的信念凝聚眾人，僧團教團的成長，是每個人「發心」慈悲、奉獻自己的心力，集體創作而成，不是任何一個個人的力量能單獨完成。因為人間佛教的信念，就是利益眾生，歡喜無悔，所以不管再怎麼辛苦，都心甘情願。

以用錢來說，人人都知道「十方來，十方去」，了解分毫都來自眾生的布施，所以要善加運用，活動或專案，往往能低於預算完成。再例如人力資源，在共同的理念目標下，只要對大眾有益，就能「發心」，心甘情願投入心力，這一點恐怕是許多的民間企業都很難做到，而這就是無我度生。

一般人看《金剛經》，從頭到尾都沒有提到「發心」二字，但是經云：「若卵生、若胎生、若濕生、若化生，若有色、若無色，若有想、若無想、若非有想非無想，我皆令入無餘涅槃而滅度之！」要發心度化那麼多眾生，不是給眾生吃飯、穿衣就有功德，而是讓眾生能夠解脫，所以說「如是滅度無量無數無邊眾生」。佛陀不以為眾生是他能度的，因為，眾生本來就是佛，佛陀只是依因緣度化，佛陀不居功德、不住功德，這就是「發心」，而且是發廣大心、發無對待心、發無顛倒心、發平等心，真是無限的大心！

十七歲時，我染患瘧疾，乍冷乍熱，極為難受。當時在叢林參學的人，都抱定把色身託付給護法龍天的決心，即使得了疾病，也從未聽過有人請假休息。我拖著虛弱的病體隨眾作息，直至全身虛脫倒臥在床上。大約一個月後，家師志開上人遣人送來半碗鹹菜，我捧著那碗鹹菜，感動得涕泗縱橫，感謝師父如此愛護弟子。於是，我立下誓願：「在有生之年，我一定要將全副身心奉獻給佛教，以報答師恩。」不久，我的病就痊癒了。

這一輩子，為了普及佛教，我不曾放棄向自己革命，因緣不具足的時候，我不會只是枯坐等待因緣，有時，要有能力變通，組合各方力量，創造動力，發揮影響力。佛陀不是向外革別人的命，而是向內革自己的命，我一直願意學習佛陀向內革命的精神，改變自己的觀念、滅除習氣，不斷更新。

人要做海綿，不停學習吸收；不要做塑膠袋，滴水不透。

——人的無限潛能

我生性原本膽怯。年少時，對著群眾說話老是舌頭打結，於是，我在上台以前，將講稿一讀再讀，直至滾瓜爛熟為止；平時，學習主動迎接賓客，並事先想好應對的詞語。夜深，不論多麼疲憊，都要自己反省一日說話的得失。

我的聰明才智比不上別人，就讀佛學院時，老師的責備、同窗的訕笑，將之視為理所當然，發願以勞動彌補己之不足。我摸黑起床，打板司鐘（負責提醒作息的鐘板號令）；同學自修時，我發心到河邊打水供養大眾；三餐前後，趕去齋堂行堂灑掃；課餘之暇，前往大寮典座（在廚房擔任料理大眾齋飯飲食、調味的職事），在熱爐沸湯、柴米油鹽中穿梭不停。

叢林生活十年，我做了六年行堂（齋堂中負責照顧大眾用齋的人員）、兩年司水（準備漱洗用水的人員）、一年半的香燈（照管香燭、油燈，擺設供器、供品，清潔佛像、佛殿的人員），還兼任圖書管理員。行堂是最苦的，每到冬天，我的雙手浸泡在冰凍的水裡洗幾百雙碗筷，手掌、手背的皮膚處處都龜裂了，連裡面紅色的肉都看得一清二楚。

為了磨鍊身心，激發自己的無限潛能，我曾效法古德，以各種方式來刻苦自勵。「過午不食」讓我體悟到精神超脫的法喜，除去口腹貪求之欲；「刺血寫經」讓我感受到自己與佛陀血肉相連，與眾生心心相應；實行禁語期間，曾因多次違禁而掌摑自己，久而久之，連心中也不復閒言雜語；在拜佛禮懺期間，我仆倒佛前，長跪哀悔往世罪業，任無明層層剝落。

一般人祈願，莫不為自己求。我在二十歲以前，也不免跟大家一樣，總是祈求佛陀加持我，讓我聰明，讓我進步，讓我衝破一切難關，讓我順利學佛求道。二十歲以後，我從佛學院結業出來，忽然覺得每天都是為著自己向佛菩薩求這求那，會不會太自私了？此後，改為替父母師長、親朋好友，乃至為有緣信徒祈求，願他們身體平安，福慧增長。

慢慢到了四十歲以後，有一天，我發覺這樣仍是自私的貪求。於是，從四十歲到五十歲，我就為世界和平、國家富強、社會安樂、眾生得度而求。

過了五十歲，我又忽然心有所感，每天都要佛菩薩為世界、為社會、為眾生成就和平、安樂，那我自己是做什麼的呢？所以，五十歲以後，我求佛菩薩，讓我來為天下眾生負擔業障苦難，讓我來承受世間人情的辛酸冷暖，讓我來體會力行佛陀的大慈大悲，讓我來學習佛陀如何示教利喜。

般若講究證悟，悟還不是證，悟是契入道理，還不能完全合而為一。證，最高的道理，如梁武帝見達摩祖師，梁武帝問：「我度生、印經，有多少功德？」

「了無功德。」達摩祖師回答的，和梁武帝所了解的功德不一樣。梁武帝有沒有功德？當然有，世間功德，不論做多做少都有功德，只是，有相的功德，不能和很大的根器、究竟的、無為無證的、通天徹地的功德相比，達摩祖師講的是自性功德，那是我們苦心追求的，以現在的話來說，找到無限的潛能，本領就高，武功就強，等於武俠小說常說的「打通任督二脈」。

如今，有時聽到人家說佛光山大，我反要問：「大在哪裡？」道場的多寡、組織發展的規模，隨緣自在吧。我當然不是七十歲才學佛的，但可說到了七十歲才成熟，許多道理原來都在我身邊，以前霧裡看花，總有所求有所願，但是，自在是不能求的，找到般若真心的本然，才一天一天地愈發自在了。

經典都以「如是我聞」為開頭，以「信受奉行」做為結束；能夠信受奉行佛法，就是「行佛」。「行佛」比對佛法知識的理解或是經文的背誦，更能貼近佛陀的意旨，「行佛」，就是實踐佛陀的教法。平時我們稱呼學佛的人為「行者」，就是要去「修行」佛法，要如佛陀所說、所行去做，所以真正的修行人，是要「行佛」，而不只是「學佛」而已；想要有所成就，是要時時刻刻、每日在生活中實踐，而不應知道了訣竅卻束諸高閣。

讀《金剛經》，是為了在生活行佛、在現世實用；成就的祕訣，就在我們能否以「般若智」、「金剛心」活出生命的大自在。

佛陀了解眾生的心性和習氣，因此用金剛堅利的劍戟，斷除我們心頭常在纏縛的雜念妄想，令我們直指本心，不再著迷眩惑於世間的色相。

第三章——金剛：斷除一切煩惱

先講一個小故事：

很久以前，有一位從早到晚念佛的婆婆，被人稱為「念佛婆婆」。死後，來到閻羅王面前，閻羅王看了老婆婆一眼，就宣告：「到地獄去！」

老婆婆提出抗議：「我在世時被稱為念佛婆婆，叫我到地獄去？您大概弄錯了吧！請您查查看！」

「我的判斷不會錯，不過為了讓你心服口服，小鬼們，去查一查！」

小鬼們將念佛婆婆累積了八大車的佛號倒在畚箕上搖動，只聽見：啪！啪！啪！四分五裂，婆婆念的佛號成了渣滓，不是果實。

「看見了嗎？你生前念的佛號，沒有堅固的果實！」

就在這時，一個紅鬼喊道：「大王！剩下一粒！」

僅存的一粒果實，原來是有一次婆婆到佛寺參拜時，遇到大雷雨，雷打中了他眼前的杉樹，那一刹那，婆婆心無雜念，心無所住，只有這一刻所念出的「南無阿彌陀佛」，在往生之後成為果實，讓婆婆免受地獄之苦。

再說「回石頭」的故事：

「回石頭」家世世代代都是石匠，人們叫他「回石頭」。

他目不識丁，卻時常請和尚為他讀誦經書，經書聽多了，也能背誦一些。

後來，回石頭離家到大隨禪師門下當雜工。寺中要他鑿石做工，他手不離鐵鍾，口不停背經。大隨禪師見他每日如此，就對他說：「你今日匡噹，明日匡噹，死生到來時怎麼辦？」

回石頭把手裡的鐵鍾一扔，就跟著大隨禪師進到方丈中。大隨禪師要他停止背經，放下對文字的執著。

有一天，回石頭又在鑿石，手中的石頭十分堅硬，回石頭使盡力氣狠狠地錘下去，剎時火花四濺，在火花中，他忽然省悟。於是走進大隨禪師的方丈室，頂禮說道：「用盡工夫，渾無口鼻。火花迸散，原在這裡。」大隨禪師一聽，明白他已徹悟，於是就授給回石頭一套僧衣。

有一次，回石頭上堂說法：「參禪學道，若不明自心，就像人在井裡，還在叫渴一樣。一天當中，行住坐臥，轉動施為，有個什麼是不動的？眼見耳聞，何處不是路頭？若識得路頭，便是大解脫路。你們看我老漢有什麼比你們強的？你們又有什麼比我差的？懂了嗎？太湖三萬六千頃，月在波心說給誰聽？」說罷下座而去。

念經拜佛，若是有口無心，念再多也是枉然。對於我們的人生是沒有幫助的。要從聽聞佛法而思、修、證，而得悟，重新認識我們的心就是般若，就是金剛，是很有力量的、充滿無限潛能的，如同金剛一般堅利，真實不虛，有正見，就能見到真理。

——金剛就是般若

人往往有無數雜念，猶如大千世界數不盡的微塵，佛陀了解眾生的心性和習氣，因此用金剛堅利的劍戟，斷除我們心頭常在纏縛的雜念妄想，令我們直指本心，不再著迷眩惑於世間的色相。《金剛經》正是佛陀說妙法，不斷粉碎我們內外的妄想和無明；佛陀取最堅最利的「金剛」(金剛石，也就是鑽石)為比喻，讓眾生明白，我們本來就具有金剛般若之寶，能夠斷除一切煩惱、無明，成就自性中的法身慧命。

金剛就是我們的般若自性、般若禪心。諸佛時時度化我們心內的眾生，般若的妙用，能令眾生時時成就自性諸佛，般若就是每個人本具的無限潛能。

∴ 凡所有相皆是虛妄

爾時，須菩提白佛言：「世尊！當何名此經？我等云何奉持？」

佛告須菩提：「是經名為《金剛般若波羅蜜》，以是名字，汝當奉持。所以者何？須菩提！佛說般若波羅蜜，即非般若波羅蜜，是名般若波羅蜜。須菩提！於意云何？如來有所說法不？」

須菩提白佛言：「世尊！如來無所說。」

「須菩提！於意云何？三千大千世界所有微塵是為多不？」

須菩提言：「甚多，世尊！」

「須菩提！諸微塵，如來說非微塵，是名微塵；如來說世界，非世界，是名世界。」

在《金剛經》中，佛陀舉三千大千世界，乃微塵所和合而成的例子，來說明微塵是假法，所以微塵和合而成的世界，亦無自性，是假因緣。佛陀所說的般若波羅蜜，是為了令眾生迷途知返，離苦得樂，因而先立假名，隨應眾生機緣方便說法；世間一切名相，都是為了方便指涉和溝通，我們應無所住，一旦執著在這些名相上，就陷入了迷障。

萬物皆依因緣假合而存在，是以名相皆假，身心感受皆假。參禪的人講「明心見性」，就是「應無所住而生其心」，就是「直指本心」；本心，就是《楞嚴經》所說的「常住真心，性淨明體」。常住真心，就是明心，就是沒有塵垢；性淨明體，就是般若、如來藏性，就是見到清淨的光明。沒有塵垢，才能見到清淨的光明。明心見性，也就是明白自己本有的般若、如來藏性。也正是六祖題在壁上的偈語：「菩提本無樹，明鏡亦非台，本來無一物，何處惹塵埃？」

百靈和尚有一天在路上遇到龐蘊，百靈問他：「當年你在馬祖道一處得到的一句，你曾說給人聽嗎？」

龐蘊說：「有啊！我曾經向人說過。」

百靈心中不解，此句應是非語言可說，非思議可及，說即不中。因此再問：「你曾向何人說？」

龐蘊用手指著自己說：「我只對龐蘊說啊！」

百靈讚歎說：「即使是佛陀大弟子解空第一的須菩提也比不上你啊！」

龐蘊以手指自己表示得意的一句，即人人本具的佛性，個中體會，如人飲水冷暖自知，又怎能與人說？

龐蘊問百靈：「那你得意的一句，又曾向何人說了？」

百靈戴起斗笠就走了。

實相佛性真不是言語能說的，但不假借文字音聲的方便，眾生難以由迷知返。所以，佛陀藉著「金剛」的譬喻，接連「般若」的妙法，法喻並用，法喻一體，來斷除如塵埃覆蓋眾生心眼的一切煩惱，直指本心，得度「波羅蜜」，所以名為《金剛般若波羅蜜經》。

∴ 諸法皆空

如來所說法，皆不可取，

不可說，非法非非法。

「法」，就是「軌生物解」，是指能軌範人倫，令人產生對一定事物理解的根據。它可以代表一切的名詞，甚至於心裡想的觀念、思想，有形、無形的，都可藉由它表達。例如：花、房子、桌子等，說出來，大家就能懂。

有一首偈語說：「法相非法相，開拳復成掌，浮雲散碧空，萬里天一樣。」若說拳頭是「法」，這個「法」卻「無定法」，因為拳頭張開是手掌。一切法是好是壞，是善是惡，也沒有一定標準。再以拳頭來說，打人一拳，拳頭看是壞東西；但假若以拳頭替人搥背，會感到好舒服，成為好東西。所以說，法無定法，法是不可取、不可說，非法非非法。真正般若的法，不思善、不思惡，是超越善惡的真理。

我們都熟悉的觀世音菩薩如何廣度眾生呢？在佛門課誦之中，有一首〈觀音偈〉：「三十二應遍塵剎，百千萬劫化閻浮。」又說：「千處祈求千處應，苦海常作度人舟。」閻浮，就是我們的世界。百千萬劫，是無量數劫的一種表達。「三十二應遍塵剎」，指的是三十二種應身，出自於《普門品》，是觀音菩薩為了適應各種不同根性及類別的眾生，化現三十二種不同的身分，為眾生說法教化，這三十二種不同的身分是：佛身、獨覺身、緣覺身、聲聞身、梵王身、帝釋身、自在天身、大自在天身、天大將軍身、四天王身、四天王國太子身、人王身、長者身、居士身、宰官身、婆羅門身、比丘身、比丘尼身、優婆塞身、優婆夷身、女主身及國夫人命婦大家身、童男身、童女身、天身、龍身、藥叉身、乾闥婆身、阿修羅身、緊那羅身、摩睺羅伽身、人身、非人（有形無形、有想無想等的變化身）。

那麼，到底哪一個是觀世音菩薩？法無定法，這三十二種不同的身分，每一種都是觀世音菩薩為了救度眾生的方便法。法是不可取、不可說的，形諸文字和言語，不過是佛陀和觀世音菩薩為了救濟度生的方便說法。例如佛陀以「般若」、「波羅蜜」、「金剛」等等說法，是為了令眾生得悟，於現世自在生活。

小麻雀使勁拍動翅膀，只飛離地面二、三公尺，鴿子拍拍翅膀，一下子就躍上三、五公尺高的樹梢上，而老鷹振翅一飛，就扶搖直上青天了。

兔子、馬和大象要渡河，兔子前腳划啊划的、後腳蹬啊蹬的，驚險萬分地渡了河；馬四條腿在河裡踩啊踏的，好不容易渡了河；大象則是踩著河床，一步一步輕鬆地渡河抵達對岸。

河水的深度是一樣的，如同人生的難處，雖人人各有不同，但人生實難的本質是一樣的，難行能行，難忍能忍，透徹了悟「般若」的空，我們渡生命的長河，到悟的彼岸，才能逐漸如大象那般輕鬆自在。

有一天，佛陀在祇洹精舍的門外，遇見哭哭啼啼的周利槃陀伽。佛陀慈悲地問他：「你為什麼站在這裡傷心難過呢？」

「佛陀！我的哥哥嫌棄我笨拙，無法受持法義，他驅逐我，要我還俗回家，因此我很難過。」

佛陀安慰他，把他帶回精舍。教他手拿掃帚，念誦、思惟「掃帚」。周利槃陀伽感謝佛陀不僅收留他，並且還慈祥地教導他，於是每天專心誦念，雖然愚笨，經過一個月的時間才記住「掃帚」兩個字。

周利槃陀伽專心一致念誦，有一天，他想：掃帚又叫做「除垢」，「垢」是地上的灰塵沙土，「除」即是把它清掃乾淨。再過了幾天，他漸漸明白：我的身心也有塵垢，那麼「煩惱」就是塵土之垢，「智慧」就是祛除塵土的掃帚。周利槃陀伽因此得解脫，證阿羅漢果。

「掃帚」兩字非法義聖諦，為什麼也能令人開悟見智？就如經文所說：「所謂佛法者，即非佛法。」念誦「掃帚」不是佛法，但是深心思惟，不取著法非法相，反而能契入佛理。

∴ 放下、超越、無所住

真正的自由是什麼？要先檢查我們這顆心猿意馬的心。面對無常的情感，能隨緣、不自苦、不惱人嗎？面對人我的是非，能心平氣和、隨緣起滅嗎？面對名韁利索，能超越安然嗎？面對生離死別，能否正念分明？只要能管理自己的心，就能自在地無住生活，就能夠做一個正觀、真正自由的人。

金碧峰禪師證悟後，放下世間諸緣的貪愛，唯獨對身邊的玉缽愛不釋手。每每入定之前，一定要先把玉缽收藏妥當，然後才能安心入定。

有一天，閻羅王因為他的世壽已盡，就差幾個小鬼去捉拿他。禪師入甚深禪定中，小鬼們上山下海也遍尋不到他的蹤跡。過了幾天，小鬼著急不已，找不到禪師，怎麼回去向閻羅王交差？於是跑去請出土地公，請他幫忙想個辦法，讓禪師可以出定。土地公向小鬼表示：「禪師是個證悟的人，對世間的許多執著都已放下，但唯獨對玉缽仍有貪愛，也許你們設法取走他的玉缽，他一動念，可能就出定了。」

小鬼們依照土地公的指示，找到禪師的玉缽，頑皮地敲打玉缽，禪師心疼玉缽被小鬼們玩弄敲打，趕快出定搶救。小鬼看到禪師現身，拍手笑道：「走吧！跟我們去見閻羅王。」

禪師霎時明白，就是這一念的貪愛，將要毀去他千古的慧命，立刻把玉缽打碎，再次入定，空中迴響一偈：

若人欲拿金碧峰，除非鐵鍊鎖虛空；
虛空若能鎖得住，再來拿我金碧峰。

人人心中都有放捨不下的「玉缽」，「玉缽」可以是財富、名位、愛情、權力等等，若不願粉碎執絪心念的玉缽，我們如何能夠無住生活？不管哪一種執著，心有所住，不識慧命，都令我們無法了悟生命真實的輕重緩急，唯有放下、超脫所執，才能自在。

——真空才能妙有

南隱禪師生活於日本明治時代（一八六八～一九一二年）。有一天，有位學者教授來向他問禪，他以茶水招待。

禪師不斷地把茶水注入這位客人的杯中，直到滿杯，還是沒有停止注水。

這位教授望著茶水溢滿整個桌面，終於忍不住開口：「禪師，茶水已經滿溢出來了，你不要再倒水了！」

「你就像這只杯子一樣，裡面裝滿你自己的知見，你要先把你心裡的執著空掉，吾宗的禪水，才有辦法流向你的心中呀！」

世俗常說「放空自己」、「讓自己歸零」。佛法的「真空」，不是對著空氣發呆，消極放棄，而是「無我相、人相、眾生相、壽者相」；所謂「無相」，並非要離開了我、人、眾生、壽者才沒有相，而是不執著在人相、我相、眾生相、壽者相上面，就是所謂的「在相離相」。

真空不礙妙有，真空才能妙有。

空，是很難明白，很難把握的真理。空，究竟是什麼呢？

一般人的觀念是把「空」和「有」分成二邊，凡是「有」的東西，你不能說「空」，凡是「空」的東西，不能說「有」，但這不是《金剛經》所說的空，也不是一般所謂「空空如也」的「空」。《金剛經》所說的真空含攝了「有」和「無」。

用我們的拳頭作譬喻，握拳時明明有個拳頭在，但當五指伸開，拳頭又在哪裡呢？明明看到的拳頭現在卻沒有了。你說沒有嗎？可是五個指頭合起來一握，又是一個拳頭在這裡。所以《金剛經》講空，說明世間沒有不變、常住性的東西，沒有不依因緣獨立存在的東西，有就是無，無也是有。

含攝了「有」和「無」的「真空」，其實就是「因緣」的意思。要怎麼理解「因緣」？我們和另一個人相遇就有分離，分離之後又可能再相遇，所以人和人之間的「因緣」既是相遇，也是分離；萬丈高樓依因緣建起之前是平地，但是，如同紐約的雙子星大樓，在恐怖攻擊之後，又夷為平地。樓建、樓塌都含攝在「空」裡。

種子慢慢生長，開花，花開了，待花落之後，「化做春泥更護花」；結了果，果熟，成為鳥獸的食物，或是落地，果肉腐爛，種子就隨之傳播，等待新生。「有」和「無」，同在一個圓上，起點，也是終點。因此，空，是宇宙本體，是人生的根本，是「有」和「無」同在。

佛教徒說：「阿彌陀佛。」一句「阿彌陀佛」具有無可限量的意義。比如：看到王先生打從前面過來，馬上就說：「王先生，阿彌陀佛。」表示：「嗨，王先生，你來了。」早晨在路上遇到李先生，就說：「李先生，阿彌陀佛。」也可表示：「李先生你早啊！」又如我們到別人家裡作客，告辭時就說：「我要走了，阿彌陀佛。」表示：「各位再見了。」看到人家跌倒了就說：「哎呀！阿彌陀佛！」表示：「關心別人。」看到媽媽打小孩，說：「唉！阿彌陀佛！」表示憐憫同情。人家送我東西，表示感謝，口中也說：「阿彌陀佛。」

一句「阿彌陀佛」有各式各樣的意思，但是根據當時對話的語境，我們都能理解「阿彌陀佛」在不同的對話語境，傳達不一樣的關懷。「空」就如「阿彌陀佛」，不受到時空和語境的限制，也是為了傳達佛法所設的方便假名。

有的人害怕談空，天也空，地也空，世事皆空，兒女皆空。糟糕！這麼一來什麼都空空的，我豈不是什麼都沒有了。其實不然，就好像出家人，雖然出家無家，但又處處可以為家。沒有兒女不要怕，只要你有天下父母心，天下人皆可做你的兒女；沒有財產不要怕，只要你肯發心，天地萬物皆是你的財產。

想想前面的例子，南隱禪師不就要前來問禪的學者教授，先把心裡的執著空掉？因為，皮包空了才能裝東西，車廂空了才能載運乘客，鼻孔不空就不能呼吸，口腔不空就不能吃東西，有足夠的空間，人才能生存活動。

《金剛經》點撥了我們「依空安住」，無住「因緣」的生滅，生活在「真空」的「妙有」

裡，無住才能自在。

∴ 無住生心

一九四九年，我在兵荒馬亂中，匆匆忙忙從大陸來到台灣，身邊什麼東西也沒有。一雙木屐穿了兩年，連底也見地了。僅有一件短褂，穿了二、三年。當時想要一張紙、一枝筆，寫文章都不可得，別人覺得我很可憐，但我自己不覺得孤單，不感到貧窮，也不覺得痛苦。

當時，我的內心非常的充實、非常的富裕，因為天地與我同在，我徜徉在天地之間，芸芸眾生都是我的朋友。假如當時我覺得困苦、覺得貧窮，可憐自己，如何堅守佛教的生活呢？

為什麼在那樣艱困的環境裡，我能感覺充實而又快樂呢？這都要感謝佛法，感謝般若的空性。因為我認為做一個和尚的福德因緣，是非常殊勝的，我的一切，完全是佛法的栽培所成就，我與山河大地融為一體，與諸佛菩薩同感相應，在般若的空性中，我們擁有三千大千世界，我們每一個人，實在一點也不孤單，一點也不貧窮啊！情緣和物質總有生滅，人生真正的富裕是內在、精神上的充實，這是無法用錢財購買的，也無法令別人替我們修行，須靠自己悟得佛法和般若空理，在生活的實踐當中印證。

堅實的金剛心，是般若空性，是菩提本心。

發菩提心，實踐於現世人間，即應：無相布施，無我度生，無住生活，無得而修。

這是整部《金剛經》的要旨。

「布」即是普遍，「施」即是散盡，倘若行布施的念頭不清淨，為了求名，為了求利，為了得到回報，為了怕墮入惡道，甚至為了求得自身的健康福祉而布施，都是有相布施，是屬有限的功德。

第四章——無相布施：無限的功德

有一次，佛陀和阿難入城乞食，看見一群孩童在路旁嬉戲。他們在辦家家酒，聚集沙土，建造房屋和倉庫，並把土當做米，儲藏在沙土所造的倉庫裡。

有一個小孩看見佛陀，天真地捧著沙土做的米，供養給佛陀，佛陀微笑地接受了。阿難很感困惑，為什麼佛陀要接受這把沙土？

回去之後，阿難合掌恭敬問佛：「佛陀，這小孩布施那麼一點沙土，有什麼功德呢？為什麼你要接受那把沙土呢？」

「阿難，你忘了嗎？佛法從來不計事相的美醜貴賤，而在於發心的真偽，那小孩以無染的心，發無分別心、行大布施，不可輕視！小孩供養泥土的功德，於我涅槃後一百年間，將成為大國的國王，那小孩將名為『阿育』，剛才他身邊的小孩，都將成為他的侍臣擁護他。那小孩將在人間興隆三寶，廣建八萬四千塔，令已信者增進善根，未信者有得度之因緣。」

《大智度論》談布施分為三種：除了財物的布施（財布施）外，還包括信心的給予（無畏布施）和佛法的傳揚（法布施）。

一、**財布施**：以財物救濟急病貧苦的人，令眾生能夠生存。

二、**無畏布施**：由於自己奉行淨戒、忍辱無害，即使有冤家也不報仇，慈愛一切有情，令不生怖畏恐懼。以無限的慈悲，不顧慮自己的安危解除別人的怖畏，令眾生正信佛法。

三、**法布施**：講說正法，令人修善斷惡，令眾生開悟覺性。由於精進故，於諸善事心不懈退；由禪定故，如淨鑑止水，知眾生心；由智慧故，能事理無礙，不顛倒而說法。

《金剛經》所談的無相布施，可說是入乎三布施，出乎三布施，而高乎三布施。

「復次，須菩提！菩薩於法，應無所住，行於布施。所謂不住色布施，不住聲香味觸法布施。須菩提！菩薩應如是布施，不住於相。何以故？若菩薩不住相布施，其福德不可思量。須菩提！於意云何？東方虛空可思量不？」

「不也，世尊！」

「須菩提！南西北方、四維上下虛空可思量否？」

「不也，世尊！」

「須菩提！菩薩無住相布施，福德亦復如是不可思量。須菩提！菩薩

但應如所教住。」

《金剛經》強調無相布施，人間行者的布施應該效法佛陀，不住法布施、不住相布施，沒有四相（我、人、眾生、壽者）的執著，也沒有六塵（色、聲、香、味、觸、法）的執著，無相布施的功德是無限的。

——世事都是短暫聚合的因緣

以前，有一個最得疼愛的公主，從早到晚跟隨在國王身邊。

有一天，下了場雨，淌著水的地面，漂著水泡，公主看見水泡，心裡非常歡喜，他對國王說：「我要用水泡，做成頭上戴的花環。」

國王說：「這水泡不能用手抓住，做麼能拿來做花環？」

公主說：「如果沒有水泡做成的花環，我就絕食自殺。」

國王聽了女兒的話，趕快召集能工巧匠，對他們說：「你們手藝精巧，沒有做不到的

事。你們趕快用水泡為公主做花環。要是做不成，就殺了你們！」

工匠們個個惶恐又無奈地說：「水泡真是沒有辦法做花環。」

就在國王要處死這些工匠的時候，一個老工匠走出來，上前稟告國王：「我能用水泡給公主做花環。」

那個老匠人對公主說：「我不懂水泡的好壞，請公主取來自己喜歡的水泡，好讓我替你做花環。」公主答應了。但是，公主的手一碰觸，水泡就破滅了。一天下來，一個水泡都撈不到。公主理解了水泡是因緣和合而成的幻象。

一切有為法，如夢幻泡影，
如露亦如電，應作如是觀。

《金剛經》的四句偈和這個小故事，提醒我們面對世事要建立六種觀念：

一、**如夢觀**：世間法如夢，一切都會過去，如夢醒時一點痕跡都沒有。

二、**如幻觀**：有為法是幻化不真的，業果、輪迴生死是幻化的，好像舞台上的戲劇，有父母、兄弟、親戚、眷屬，頃刻一聲鑼鼓歇，都沒有那麼一回事。其實，生也未曾生，死也未曾死。

三、**如泡觀**：水泡是不長久的，我們的種種感受，喜怒哀樂、不苦不樂，都如水泡一般，是一時的、短暫的。

四、**如影觀**：世間的種種現象，人生的各種遭遇，如影子一樣，是不真實的。

五、**如露觀**：太陽一出來，露水很快就消失了。我們的色身也是如此。譬如一個嬰兒出生，慢慢長大叫女童，再過些時候就是女學生、是小姐，然後是太太、媽媽、老太婆，生病衰老漸漸如嬰兒一樣沒有辦法獨立生活，不是常聽人說返老還童嗎？人生一點一滴地變化，如同朝露。

六、**如電觀**：電是快速的，時光過去、現在、未來非常快速，人的生命亦如電，人命在呼吸須臾間，一口氣不來，人的生命就沒有了。

從前有一個戲班子，因為國內發生了饑荒，他們只好帶著道具到國外另謀生計。他們雖然拚命趕路，但是趕不到村落去投宿，只得在山中過夜。山上氣溫很低，寒風刺骨，於是他們就生起火堆取暖，並且在火旁睡覺。

其中有一個人生病，禁不住寒冷，他就從道具箱中隨手拿了一件戲服穿上，而這件戲服是扮羅剎鬼時穿的。他沒有覺察，坐在火旁取暖。半夜中，有人從夢中醒來，不經意看到火的旁邊坐著一個羅剎鬼，想起自己曾經聽說山中住有吃人的羅剎鬼。於是驚慌大叫，拔腿就跑。這樣一來，驚動了大家，一群人盲目地跟著逃跑。

這時，穿著羅剎鬼戲服的人，看見大家奔逃，以為發生了什麼事情，也拚命跟在大家後面跑。跑在前面的人，看到後面的羅剎鬼追上來了，更加恐怖，於是拚命狂奔，也不管荊棘和石頭，不管小河和溝壑，都不顧一切地飛奔過去。弄得大家精疲力盡，並且遍體鱗傷。直到天亮，才發現後面追來的，原來不是鬼，而是自己的同伴。

《金剛經》說一切法，都像夢幻、泡影、露水、閃電，並不執著在消極的幻象上，可以說，佛陀要我們不住法，也不要我們住在這些須臾之間就會消失的露水、閃電裡，這些為了方便說法的比喻，講世事無常，提醒我們，不要執迷在世間萬物表面呈現的虛幻假象，了解本質的空性，如前所說，空含攝了有無，空是因緣，我們要能「借假修真」，找到真如般若實相。

甲乙兩個小鬼準備到陽間投胎。閻羅王對他們說：「你們到人間投胎做人，一個一生布施東西給別人，一個一生從別人那裡獲得東西，你們要選擇投胎做什麼樣的人？」

小鬼甲一聽，趕快跪下來說道：「閻王老爺！我要做那個一生從別人那裡得到東西的人。」小鬼乙默默無言，聽候閻羅王的安排。

閻羅王撫尺一拍，宣判道：「下令小鬼甲投胎到人間做乞丐，處處向人討東西；小鬼乙投胎富裕人家，時常布施周濟別人。」

兩個小鬼愣住了半天，無言以對。

生命是一段旅程，若由生命的盡頭回視生命旅程的目的和意義，就會了解物質的獲取、實榮虛榮的肯定、權位的抵達、關係的存有等等，都只是維持生命、實現理想、落實生命意義的手段或策略。如夢幻泡影，如露如電，只有從「今生一切都會有盡頭」來思考，我們才會對生命有更精進的直下承擔。

食物有保存期限，要在腐爛之前食用；旅程終會結束，我們必得珍惜際遇；時間會消逝，生命有限，我們不能虛應故事、虛擲生命。倘若在生命旅程接近終點時，回看這一輩子都在向別人索取，占盡別人的便宜，難免遺憾。

能布施，才是大富人家，心若貪求擁有獲取，即使坐擁再多的物質財富，仍是窮如乞討者。

——無相與有相

「布」即是普遍，「施」即是散盡，以外相種種施為，藉此普能散盡心中的妄念習氣，滅絕煩惱蘊集。佛陀為什麼要用虛空譬喻福德？

誠拙禪師在圓覺寺弘法時，法緣非常興盛，每次講經都擠得水泄不通，因此有人提議擴建更寬敞的講堂。

有一位信徒，用袋子裝了一百兩黃金，送到寺廟給誠拙禪師，說明是要捐助建築講堂之用。禪師收下黃金，就忙著處理別的事，信徒對此態度十分不滿，心想：一百兩黃金可不是個小數目，怎麼這個禪師拿到這筆鉅款，連個謝字也沒有？於是就尾隨禪師的後面提醒道：「師父！我那口袋子裝的是一百兩黃金呀！」

禪師淡然地應道：「你已經說過了，我也知道了。」信徒更提高嗓門道：「喂！師父，我今天捐的是一百兩黃金呀！」

禪師剛好走到大雄寶殿就停下：「你捐錢給佛祖，如果把布施當成一種買賣，我就代替佛祖向你說聲：謝謝！從此你和佛祖銀貨兩訖！」

這雖是一則禪譚，但是也警醒我們布施時要能不住相，佛陀把布施福德的果喻為虛空，果亦是從因中來，要布施時心如虛空坦蕩無為，沒有親疏好惡的揀擇，果報就能像虛空廣大殊勝。要如何做到視一切眾生如赤子，能內破慳吝心，外行利益事，有三種妙觀可以培養我們如虛空廓然的平等心。

一、**厭離觀**——觀生死業趣，眾苦逼迫身心，諦觀思惟，身聚如沫，命非久長，以此厭離觀，能對身外財物不起貪著，而行大施。

二、**菩提觀**——觀佛果相好殊勝，法性本具淨戒，了知心佛眾生三無差別。此知菩提本性平等，故能尊重一切眾生而行布施。

三、**慈悲觀**——念眾生不逢佛時，不明法時，不敬僧時，不知三寶，不信因果，造種種惡業，如迷醉人行走路，如無足人渡河流。由此念眾生如己身膿瘡，必悉心護念救度。

有位信徒非常虔誠，有次遇到水災，他只好爬到屋頂上避水，水漸漸漲高，終於淹到腳下，他急忙地祈求道：「大慈大悲觀世音菩薩，趕快來救我啊！」

不久，他發現一個原住民駕了一艘獨木舟要救他，他卻說：「我不要你這高山族來救我，我要觀世音菩薩來救我。」雨水繼續上漲，已高及腰部，他很著急地再祈求道：「慈悲的觀世音菩薩，趕快來救我啊！」

來了一艘快艇，要載他到安全地方，他又說：「我一生最討厭科技文明，無論什麼機械東西我都不喜歡，我要觀世音菩薩來救我。」大水已經漲到胸部，他害怕地大喊著：「觀世音菩薩，快快來救我啊！」

然後來了一個美國人駕直升機救他，他還是搖搖手說：「你是外國人，我不要外國人救我，我要觀世音菩薩救我。」在他就快要被水淹死的時候，一位禪師救起他，他對禪師說：「像我這麼虔誠的信仰，為什麼觀世音菩薩不來救我？」

禪師說：「你還真是冤枉了觀世音菩薩，當你大聲呼救時，菩薩一次又一次地搭救你，菩薩化身成了獨木舟、快艇、直升機前來救你，你不但不感謝，還挑三揀四。」

我們的心識一旦落入執求的妄相，就如盲人摸象，無法察覺實相的全體。觀世音菩薩度眾生，不執著固定的法，不執著固定的相，我們在世間行布施，就要無相布施，才是功德無限。

生活裡，常有人拿著幾根香蕉，幾顆蘋果，到廟裡捐一點香油錢，求福祿求功名，求平安求財利，這住於世間六塵的布施，比較像是對神祇的賄賂或有條件交換為前提的供養。

倘若行布施的念頭不清淨：為了求名，為了求利，為了得到回報，為了怕墮入惡道，甚至為了求得自身的健康福祉而布施，都是有相布施，是屬有限的功德。若是有無報償都不計較，不求任何利益，不計任何代價，完全為了眾生的需要而行的布施，就是無相布施。無相布施的功德是無限的。

「是故須菩提！菩薩應離一切相，發阿耨多羅三藐三菩提心，不應住色生心，不應住聲香味觸法生心，應生無所住心，若心有住，即為非住。是故佛說菩薩心，不應住色布施。須菩提！菩薩為利益一切眾生故，應如是布施。如來說一切諸相即是非相，又說一切眾生即非眾生。

「須菩提！如來是真語者、實語者、如語者、不誑語者、不異語者。須菩提！如來所得法，此法無實無虛。

須菩提！若菩薩心住於法而行布施，如人入闇，即無所見；若菩薩心不住法而行布施，如人有目，日光明照，見種種色。」

六祖惠能大師在《金剛經解義》中說：「布施應有純淨無染的心，一是不求身相端嚴；二是不求五欲快樂。為內破慳心，外利一切眾生。」無相布施，就是布施時沒有能布施的我、受布施的人、所布施的物，當然布施後更不存求報的念頭，這種三輪體空、無相而施的功德，才是無限功德。我們在日常生活中，講話、做事、吃飯、穿衣，只要心存慈悲，處處可以幫助別人，造福大眾。但是不可斤斤計較於人我，不可掛礙布施多少於心上。

我們布施時，應要做到：

一、**不貪求勝境，應隨緣布施**。

二、**不吝惜所有，應隨力布施**。

三、**不分別怨親愛憎，應隨喜布施**。

四、不妄想未來果報，應隨心布施。

身口意三業的修為，口業最容易布施，不需要有很多的錢財，也不需要花費很多的時間，只要口出善語，就如花香，可以使人感染到歡喜和愉悅。

有一天，一個婆羅門來勢洶洶，衝進王舍城的竹林精舍，因為他的親友跟隨佛陀出家，使他怒不可抑，惡口瞋罵佛陀以妖術誑惑世人。

佛陀默默聽完婆羅門的惡言羞辱後，面容沉靜地開口道：「你如果帶著禮物去拜訪朋友，但是朋友堅持不收下你帶來的禮物，那時候你要如何呢？」

「要是朋友堅持不收下禮物的話，我只好再帶回家。」

佛陀說道：「今天你在我面前說的那些話，我不接受，那些瞋怨惡口的語言，就再歸你所有。」

我們千萬不要口出惡言，讓言語成為別人的地獄，也不要陷入別人以言語為我們造的地獄。我們若能隨時隨地布施佛的四種語言給別人，自然能化解人和人之間的衝突或誤解。

一、**要說清白無染的善語**。

二、**要說止非息諍的妙語**。

三、**要說正法善道的實語**。

四、**要說利益安樂的法語**。

很久以前，森林裡住著兩隻雁，雁和池塘裡的烏龜是好朋友。有一年夏季，久旱未雨，池水乾涸，烏龜心裡著急，再這樣下去，實在無法支撐下去。

兩隻雁很同情烏龜的處境，想幫忙牠遷移到有水的住處，雁想到一個辦法，用一根樹枝，叫烏龜銜在口中，兩隻雁各執一端，並囑咐烏龜，未達到目的地之前，千萬不能開口講話，以免從空中摔落。

於是，兩隻雁帶著烏龜於高空飛行。經過一個村莊上空時，一群孩童指著天空，大聲喊叫：「烏龜被大雁銜去了，大家快來看呀！」

烏龜聽到下面孩童的喊叫，心裡十分生氣，認為自己受到羞辱，怒火中燒，就開口怒罵他們：「你們懂什麼？我才不是被雁銜去的！」

烏龜在開口爭辯的剎那，從高空跌落。

——財布施

金剛般若智慧，旨在不取法相、非法相，從中知如來設諸方便，皆是借筏渡岸的一片真心！我借用一則公案來說明。

一個嚴寒的冬天，大雪已落了三天。有一個乞丐去敲榮西禪師的門，顫抖地說：「禪師，我和妻兒已多日粒米未進，連日的大雪又使舊疾復發，請求您幫幫忙！」

但是寺裡沒有多餘的食物和錢財，如何能幫助呢？忽然想起有一些準備替佛像塗裝用的金箔，於是毫不猶豫地施予乞者應急。

座下的弟子不滿禪師的決定，抗議道：「老師，那些金箔是替佛像裝金的，你怎麼輕易送人？」

禪師平靜地回答：「我是為了尊敬佛陀才這樣做的。」

弟子們反駁道：「老師，你把佛陀聖像的金箔送給人，還算尊敬佛陀嗎？」

禪師大聲喝斥：「佛陀累劫修道，為眾生捨血肉骨髓，在所不惜！佛陀怎麼對待一切眾生？你們只看到金塑的佛像，怎麼看不到佛陀的心？」

《金剛經》雖然強調無相布施才是無限的功德，也認為財布施比不上法布施，因為，色身的飽足很容易布施，要讓眾生懂得開發自己內在的智慧，就不能只靠金錢物質。財物的施予，畢竟能令眾生的生存得到暫時的幫助，佛陀要我們不住相、不住法布施，並不否定財布施。

要怎麼進一步讓物質資糧在現代生活不住相布施？例如，透過物質資糧，在窮鄉僻壤的偏遠地區興辦學校，這樣是不是也讓財布施不僅只於解救暫時的身口暖飽需求？

有一天，波斯匿王來到佛陀的座前，向佛陀稟告：「佛陀！舍衛國內，有一位長者，名叫摩訶男，他擁有金銀珠寶數千萬億，無法稱量，並且有許多房舍田產也難以計算。摩訶男坐擁財寶千斛，良田萬頃，如此富有，他卻無法享用。每天吃粗糠米渣，殘餘腐酸的食物；穿著粗劣的布衣；乘破舊的車。他從不供養沙門、婆羅門，更不施捨貧苦的乞丐。每到吃飯時，一定要把門窗鎖緊，恐懼有人上門向他乞食。佛陀！富裕的摩訶男，卻過著如此貧窮恐懼的生活，我們對於財富要如何運用，才合乎正道？」

佛陀對波斯匿王說：「大王！如摩訶男等人，內心充塞無知的邪見，雖得到豐富的財利，卻不能自己受用；又不知孝養父母及供給妻兒、宗親；也不救濟奴婢僕役；不施予知識朋友；更不知供養沙門、婆羅門，以此種植福田，長受福樂。摩訶男不懂廣為應用財富，藉此得到世間的喜樂和出世的功德。

「大王！慳貪的人就如一塊鹼地，雖有少許池水，但由於本質鹹苦，沒有人願意飲用，最後乾涸枯竭。能夠布施的人，譬如聚落裡的一泓清泉，流出好水，令周圍的林木繁茂，並生長柔軟的香草及種種鮮花和果實。一切眾生，都能在水池洗浴，渴乏時可以擷取清泉和美果。林間的鳥獸，也能無懼地快樂嬉戲。大王！擁有財富者，要如瀅澈的泉水，使人得到歡喜飽足的受用，如此，生活自然富足自在，死後能生於天界，享受福樂。」

人的一生有多長？不過如晨間的露水、空中的電光、水中的泡影、瞬息的火焰。我們如何以有限的財富，充盈精神性靈，做一個能夠無住布施、永續經營的智者？我建議：

一、經營人情不經營利益。

二、經營分享不經營個人。

三、經營善友不經營錢財。

四、經營知足不經營五欲。

有形的財富，終有散盡毀壞的時候；無形的財富，如人與人的情義布施，彼此分享成果的交流互動，善友的護念提攜，聞法知足的安適等等，都是能夠讓我們永續經營的內在財富。

——無畏布施

一九九二年五月十五日，台北市「健康幼稚園」舉辦春季旅行，當滿載園童和家長的遊覽車開到桃園平鎮時，車子因故障意外而燃起大火。

幼稚園的林靖娟老師，原本可以逃出車外，但他卻往著火的那一端，拚命地從烈焰中救出小朋友，丟出來給幫忙的路人，一個接著一個，能救多少，就救多少。最後在車子的殘骸中，人們看見被燒得漆黑的林靖娟老師，緊緊地擁抱著、護衛著幾位也被燒成焦炭的小朋友。

為了救人，願受烈焰灼身裂膚之痛，在最大的痛楚中，有著人間最大的慈悲。林靖娟老師正是以身命施人而一無所懼的大勇者，是真正的大菩薩！他讓我們想起觀世音菩薩——能以無畏施諸眾生的「施無畏者」。

我們以滿三千大千世界的七寶布施，這種福德固然是功不唐捐，但是物質資財的布施卻是有漏、有限的。無畏布施是大慈大悲的清淨功德，勝過百年有求有得的福德；無畏布施以真正的慈悲心，也就是前面所說的，不分別怨親愛憎的隨喜布施，令眾生不生怖畏恐懼，建立對佛法的信心，從信心清淨不逆到能夠妙用般若的智慧。

佛陀在世的時候，末利夫人虔信三寶，奉守淨戒，深獲百姓的愛戴。有一天，波斯匿王因為細故要殺御廚，當時正在持守八關齋戒的末利王后聞訊，把自己穿戴得光鮮華麗，並請求大王一起飲酒作樂，指定由那位御廚親自料理。

波斯匿王感到十分納悶，問他：「你平時滴酒不沾，而且今天又是你持八關齋戒的日子，為什麼身上配戴珍寶瓔珞，又要破齋犯戒，和我飲酒作樂呢？」

末利夫人平靜地說：「我聽說這名御廚觸怒了大王，即將要被殺頭，如果今天不請他調理美膳，恐怕以後就沒有機會了。」於是大王赦免了這位御廚。

末利夫人以真正的慈悲，不顧自己將因此破戒之名，不但救了御廚的性命，也即時救了波斯匿王的一念無明。

——法布施

「須菩提！於意云何？若人滿三千大千世界七寶，以用布施，是人所得福德，寧為多不？」

須菩提言：「甚多，世尊！何以故？是福德即非福德性，是故如來說福德多。」

「若復有人，於此經中受持，乃至四句偈等，為他人說，其福勝彼。何以故？須菩提！一切諸佛，及諸佛阿耨多羅三藐三菩提法，皆從此經出。」

佛陀說，能夠信受奉持《金剛經》，即使短短的四句偈，又能夠為他人解說，那麼，他所得的福德果報更要勝過布施七寶的人。什麼緣故呢？

因為，滿三千大千世界的七寶布施、財布施，是有為法，這樣的布施是有限的，所得的功德也就有限。為他人說法的法布施是無為法，能夠幫助一切眾生斷煩惱、了生死、出三界、成就佛道，因此法布施的功德勝於財布施。

佛陀又說十方一切諸佛，以及一切無上正等正覺法都從《金剛經》而出，因為，《金剛經》講「應無所住」，就是解「空」，含攝了「有」和「無」，就是「般若」，為諸佛之母，而「般若自性」是眾生內在本自具足的。

「須菩提！若三千大千世界中，所有諸須彌山王，如是等七寶聚，有人持用布施；若人以此《般若波羅蜜經》，乃至四句偈等，受持讀誦，為他人說，於前福德百分不及一，百千萬億分，乃至算數譬喻所不能及。」

佛陀以為行再多的七寶布施，所得的福智（福德和智慧）都不及法布施的百千萬億分之一，甚至無法以任何算數所能的譬喻計數。因為，七寶布施是有相的，縱使如山高海深，山崩海枯有時，福智也將有盡；受持《金剛經》的無相般若妙慧，或為人講說，哪怕只是四句偈，所得的福智無量無邊，不可計數。

文殊菩薩問佛：「云何是一身七寶布施？」佛言：「不貪布施。所謂眼不貪色相奇物，是色寶布施；耳不貪好聲音樂，是聲寶布施；鼻不貪好上妙香，是香寶布施；舌不貪好上美味，是味寶布施；身不貪好妙衣服，是觸寶布施；意不貪名利恩愛，是法寶布施；不貪世間欲樂，是佛寶布施。若人能悟自身中七寶布施，所得福德，勝如世間金銀琉璃、珍珠瑪瑙、珊瑚琥珀。七寶布施之福，百千萬分不及其一，乃至算數譬喻所不能及。」

「不貪」就是不要執著、迷戀，就是「無所住」，自性清淨的般若自性，是世間的七寶也無法換取而得，非常珍貴，也只有菩提清淨的心，才能夠向他人行法布施，功德自然勝於財布施。

「須菩提！若有善男子、善女人，初日分以恆河沙等身布施，中日分復以恆河沙等身布施，後日分亦以恆河沙等身布施，如是無量百千萬億劫，以身布施。若復有人，聞此經典，信心不逆，其福勝彼；何況書寫、受持、讀誦，為人解說。

「須菩提！以要言之，是經有不可思議，不可稱量，無邊功德。如來為發大乘者說，為發最上乘者說。若有人能受持讀誦，廣為人說，如來悉知是人，悉見是人，皆得成就不可量、不可稱、無有邊、不可思議功德。如是人等，即為荷擔如來阿耨多羅三藐三菩提。何以故？須菩提！若樂小法者，著我見、人見、眾生見、壽者見，即於此經不能聽受讀誦、為人解說。」

佛陀於《金剛經》中說明法布施的功德，遠遠勝過身布施。

佛陀說，一天三次，早晨、中午、夜晚時，等同於恆河沙數量多的身布施，經過了百千萬億劫，都沒有間斷過，這個人所得的福德難以計量。但如果一個人聽聞《金剛經》的經義，能悟得般若真理，發心依教修持，進一步書寫、受持、讀誦，為他人解說《金剛經》，那麼他所得的福德，勝過以身命布施。

但是，倘若執著我見、人見、眾生見、壽者見，就沒有辦法悟得無相無住的般若智慧，也就沒有辦法讀誦，更無法為他人解說。

若要在生活中行法布施，可以參考受持《金剛經》的十法行：生命如晨間露水，應該以有限的外財，充實無形的內財。

一、**書寫**：恭敬抄寫經文。

二、**供養**：供奉經典於塔廟、佛殿。

三、**施他**：印行經典流通。

四、**諦聽**：專注聆聽經教法義。

五、**宣說**：為他人講解經文，解除文字義理的障礙。

六、**受持**：奉行教義，應用於生活中，自利利他。

七、開演：廣開演說微妙經義，令他人開悟自性。

八、諷誦：專心稱誦，持念經文。

九、思惟：深入法海，靜默思惟，以悟解奧妙之處。

十、修習：由思惟深解義趣，因此發起大行，證入聖果。

《華嚴經》說：「譬如暗中寶，無燈不可見；佛法無人說，雖慧不能了。」講說法的人就像是燈火，為人照見微妙的佛法，若沒有人講說佛法，再怎麼聰慧的眾生也不能得悟。由此可見法布施的殊勝功德。

——人人皆能布施

來往各地弘法，我收過各種貴重的禮品，其中最令我感動的，卻是在印度邊區的拉達克，一個小女孩供養的一朵小黃花。

在歡送的人潮裡，車子已經開動，但我早已瞥見他拿著一朵小黃花，抿著嘴角，羞澀地朝著我看，就在車子要離去時，他一路追了過來，把手上的黃花插在車窗上。我趕緊請司機停車，將手腕上戴的水晶念珠脫下來送給他，他露出真摯的笑容，淚水不斷奪眶而出。隨著車子移動，花瓣在風沙中微微地顫抖，從前座的後照鏡中，我看到他在遠處一直保持著合掌的姿勢。

所有小孩本具的清淨自性，就是般若佛性，都可能成為「未來佛」。

花開有時，人壽有盡，慧命無窮。

許多人常常以為「等我有錢以後再行七寶布施吧」、「等我自性夠堅定了，才能無畏布施」、「等我得道以後再行法布施吧」，然而這個小孩，在那個當下，擁有的就是他手裡的一朵小黃花，他布施了他的小黃花。

大心未發，仍是凡夫；既發大心，即是菩薩。

不要等待時間、找理由藉口，人人皆能布施，現在就能布施，把最珍貴的心意毫不遲疑地布施給別人。

《金剛經》說「無我相、人相、眾生相、壽者相」，是積極地從否定上建設一個「常樂我淨」的世界：能夠無我、無對待、無是非、無苦惱、無障礙，永恆的「真我」才能顯現。

第五章——無我度生：無上的慈悲

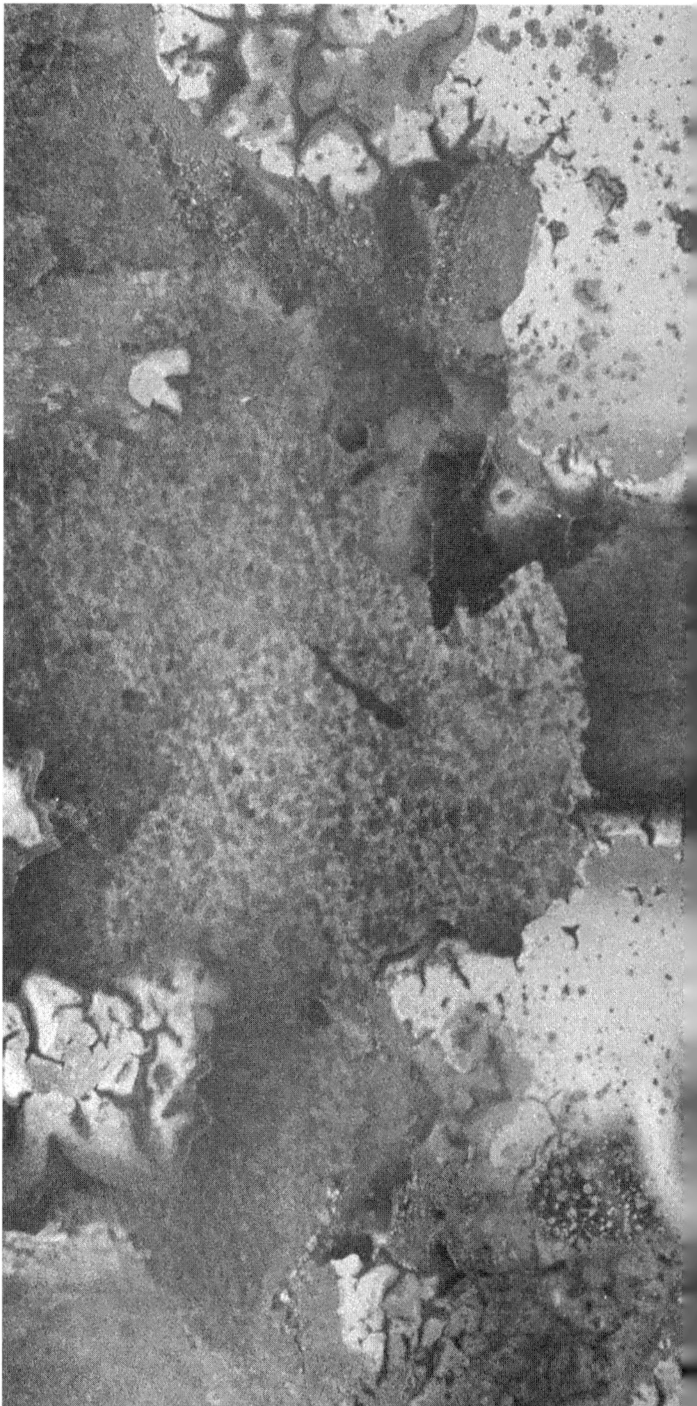

當五祖弘忍大師把衣鉢傳給惠能以後，知道眾心一時不能明白他為何一下子成了宗門祖師傳人，也不能夠服氣，便要惠能深夜離開。當五祖送他到九江驛時，要惠能下船，並為他把櫓搖船，說：「我來擺渡，度你過去。」

惠能說：「請由弟子來擺渡吧。」

五祖說：「應該是我度你。」

惠能回答：「迷時師度，悟時自度。」

惠能所說的「自度」，就是要我們培福、結緣、修慧，即所謂的「福慧雙修」、「行解並重」。培福，就是「助人為快樂之本」，能夠隨喜隨緣為人服務，乃至修橋鋪路，救災濟貧。學佛先結人緣，修行不是自私、懶惰的藉口，更不是為了逃避、遠離人群，應該要廣結善緣，培植無量福德的修行；人生的意義，在於當我們的肉身在這一期生命中壞滅了，而我們曾經種下的福田，卻已然遍地開花，遍地結果。

喜捨的善心，就是培福。

佛陀於累世修行時，或割肉餵鷹、捨身飼虎，或為鹿王、魚王身，遇眾生有難或有所求，都能不分怨親、不分人我，廣大平等的布施、度濟。並且不只一次、兩次，而是「三祇修福慧，百劫修相好」。

如果一個人在這個世界上，一輩子只知道一個「我」，只為了自己的一張嘴、一個肚皮，拚命奔波勞苦，不但沒有意思，而且浪費人生。當一個人不懂得般若智慧，拚命向外求知識，或者鋒芒畢露，聰明外顯炫示，生出驕傲的心，感到自己比一般人更聰明、生得更美麗，「我」在一般人中顯得出類拔萃、鶴立雞群，「我」是與眾不同的，是汙泥中最美麗的一朵蓮花！一個人若有這種思想，就是「著相」。

「相」於人身，原本是個臭皮囊，是因緣和合而成。倘若人活著只為了自己，一天到晚思量如何穿好衣服、吃好東西，得到更好的權力地位，可是人身的壽命有時限，他要走的時候，不論他曾經怎樣地為這身體穿上名牌高貴的華服，或者曾經住在怎樣的權位上，或是飲食怎樣的精緻，一切都如夢幻泡影，歸於幻滅。

人人皆有佛性，所謂「迷即眾生，悟即是佛」，迷悟就在一念之間。

人生忙忙碌碌，我們應該讓身心有所安住，更進一步還要幫助別人也能找到安身立命的所在：

一、安住在慈悲喜捨上。

二、安住在發心立願上。

三、安住在般若智慧上。

四、安住在禪定戒法上。

五、安住在淨念禮拜上。

六、安住在淡泊謙卑上。

七、安住在放下自在上。

八、安住在學習滿足上。

「我」在哪裡

無我相、人相、眾生相、壽者相。

佛教講「無我」就是「空」。「無我」即一切事物皆因緣所生，沒有本體自性。「我」應該要具有四個條件：要能主宰、要能常住、要能普遍、要能自在。然而，我的存在，是由地、水、火、風四大因緣和合而成，自己無法主宰；是緣生幻有，不能常住；

是處處有障礙，不能普遍；是苦的業報，不能自在；如夢幻泡影，如露亦如電；「我」的存在，是「五蘊假合」的「假我」，沒有真實性。因此，要能從假我中借假修真，找到真如般若實相的我。

《金剛經》說「無我相、人相、眾生相、壽者相」，是積極地從否定上建設一個「常樂我淨」的世界；能夠無我、無對待、無是非、無苦惱、無障礙，永恆的「真我」才能顯現。

「應如是降伏其心，所有一切眾生之類，若卵生，若胎生，若濕生，若化生，若有色，若無色，若有想，若無想，若非有想，非無想，我皆令入無餘涅槃而滅度之。

「如是滅度無量無數無邊眾生，實無眾生得滅度者。何以故？須菩提！若菩薩有我相、人相、眾生相、壽者相，即非菩薩。」

布施有相，布施的功德就大不起來；度生有我，度生的慈心就發不起來。發無我之大悲心，才能廣度一切眾生。眾生種類很多、數量無限，度眾生不該有分別心，應該要發廣大心，度盡所有的眾生。

「須菩提！菩薩以滿恆河沙等世界七寶持用布施，若復有人，知一切法無我，得成於忍，此菩薩勝前菩薩所得功德。何以故？須菩提！以諸菩薩不受福德故。」

須菩提白佛言：「世尊！云何菩薩不受福德？」

「須菩提！菩薩所作福德，不應貪著，是故說不受福德。」

娑婆世界又稱「堪忍」的世界，因為世間充滿煩惱、痛苦，事事可忍，就可以成就忍，就是忍耐。忍耐逆順之境而不起瞋心，安住於真理而不動心。忍，可分為三種：生忍、法忍、無生法忍。《金剛經》說的「得成於忍」，指的就是「無生法忍」。

什麼是「忍」？忍是認識，是接受，是擔當，是處理，是消除，是化解。

好比爸爸回家，兒子吵著說：「爸爸，你跪下來給我騎馬。」爸爸就真的跪下來給兒子當馬騎，不但不介意，還哈哈大笑。因為他愛他的兒子。否則，也許會給他二個耳光。

所謂「生忍」，就是要能認識生活中所遭遇的各種酸甜苦辣、人我的是非曲直，負責應盡的義務，化解恩怨煩惱。一個人要維持生命，要生活得自在，就必須要「生忍」。例如，為了工作上班，必須早起趕公車，必須忍受塞車、寒熱、睡眠不足等身體上的疲累之苦，乃至人事上的意見不和、愛恨情仇等。「忍」，是智慧的力量。

所謂「法忍」，就是能自我疏通、調適心理上的貪瞋癡成見，體認世間上的生老病死、憂悲苦惱、功名利祿、人情冷暖，都是「緣起緣滅」，把心安住於真理而不為生滅所動搖，就是「法忍」。體悟「緣起性空」，才能通達事理人情的般若智慧。如有人罵我混蛋，能夠想：「哈哈，我是混蛋」、「阿彌陀佛，謝謝」，就不會介意。再說，難道有人罵我混蛋，我就是混蛋了嗎？不會的，這是超越名相，不跟人計較，這時候混蛋是這個人而不是我了。

如同《四十二章經》上說：「惡人害賢者，猶仰天而唾，唾不至天，還從己墮；如逆風揚塵，塵不至彼，還坌己身。」

「無生法忍」，就是不生不滅，本來沒有，一切法無生，根本也不需要忍，即無忍之忍，諸菩薩因此不受福德相的限制。因為菩薩行利益眾生之事，是發菩提心，不著相布施，而不是貪求福德利己。聖賢菩薩「心不住法，得成於忍」，因此「得忍菩薩」的「無漏」功德勝過「寶施菩薩」的「有漏」福德。

佛陀於此說明菩薩修行階次的深淺不同。菩薩若用滿恆河沙等世界的七寶來布施，所得功德，當然無法計量。凡夫菩薩雖知外塵之相不實，但未證得「無生法忍」，心中還存有微細之妄念，這就是著相布施，還未能通達無我之法。

但是，菩薩若能明白一切法「無我」，皆由因緣所生，即與空性相應，內無貪念，外無所得，不為外境所動，這樣證得「無生法忍」，以此「住心無住」的內證，即能廣興佛事，度無人之眾生，得無我之佛果。

菩薩悟得「無我」之後，就不會馳求福德，不戀著涅槃，所以說「不貪」。「不受福德」，並不是撥無業因功果，而是菩薩心不貪著福德，無較量福德的妄想分別。菩薩的「無生法忍」，就是無我、無相，不執著在我，也不執著在布施的相、福德的相，是「諸法無我」、「無我生法」的真實之境。

有一天，一位信徒來向一休禪師訴苦：「師父，我活不下去了，我要自殺！」

「活得好好的，為什麼要尋短見呢？」

「師父啊！我自經商失敗後，如今債台高築，被債主們逼得無路可走，只有一死百了。」

一休禪師說：「難道除死以外，沒有別的方法可想？」

信徒痛苦的說：「沒有！我除了有個年幼的女兒以外，已經身無分文，山窮水盡了！」

一休禪師靈光一閃，說：「哦！我有辦法了，你可以把女兒嫁人，找個乘龍快婿，幫你還債呀！」

信徒搖搖頭說：「唉！師父，我的女兒只有八歲，怎能嫁人呢？」

一休禪師說：「那你就把女兒嫁給我吧！我做你的女婿，幫你還債。」

信徒大驚失色，說：「這……這簡直是開玩笑！你是我最尊敬的師父，怎能去做我的女婿？」

一休禪師胸有成竹地揮揮手說：「好啦！好啦！不要再說了，你趕快回去宣布這件事，到迎親那天，我就到你家裡做女婿，快去！快去！」

這位商人弟子十分虔信一休禪師的智慧，回家後立刻宣布：某月某日，一休禪師要到家裡來做他的女婿。消息一傳出去，立刻轟動全城。

到了迎親那一天，好奇看熱鬧的人擠得水泄不通。一休禪師抵達後，吩咐在門前擺一張桌子，上置文房四寶，禪師當眾揮毫，大家看禪師的字寫得好，爭相欣賞，爭相購買，反而忘了今天來做什麼的。結果，買書法的錢積了幾籮筐。

禪師轉身問信徒說：「這些錢夠還債了嗎？」

信徒歡喜得連連叩首：「師父，您真是神通廣大，一下子就變出這麼多錢！」

一休禪師長袖一擺說：「問題解決，我不做女婿了，還是做你的師父吧！再見！」

一休禪師因為不執取自我的身相，才能依巧妙智慧，無我度生。

──一念慈悲，吉祥圓滿

過去有一個無惡不作的壞人叫作乾達多，有一天他路過一個地方，定睛一看，腳下一團黑黑的東西，一腳踏下去，差點踏死一隻蜘蛛，他忽然生起了一念慈悲：「何必把牠踩死呢？」於是提起了腳步，向前跨出了一步，救了蜘蛛一命。

由於他窮凶極惡，做盡壞事，死後墮入無間地獄。正在受苦的時候，突然從空中飄下一條銀光閃閃，細如鋼絲的蜘蛛絲，他彷彿身陷大海見到船隻一般，趕忙攀著蜘蛛絲，奮力往上爬，想要脫離無間煉獄的痛苦。

低頭一看，許多的地獄眾生跟在後面攀爬上來。

他想：這麼細小的蜘蛛絲怎麼負荷得了眾人的重量，萬一蜘蛛絲斷了，我不就萬劫不復，永無解脫之期了嗎？於是伸腳把尾隨而來的同伴，一個一個踹下去。

就在這時，蜘蛛絲突然從空斷裂，乾達多和所有的地獄眾生，一起掉回黑暗無底的地獄受無盡的刀劍火煉之苦。

眾生的肉眼，執著的心，只看到自己的痛苦，只想求自己的解脫。

那條銀光閃閃的蜘蛛絲，正是一念慈悲的方便說法。

乾達多曾經對蜘蛛有一念慈悲，但為了救度自己，超脫無間地獄，一念的自私害怕，讓他在剎那間又墮回地獄。

一念入暗，無間地獄；一念慈悲，自利利他，吉祥圓滿。世界是一個共同體，同體共生，即是因緣相互依存。

——沒有不能度化的人，沒有不能完成的事

我常說：處處皆是菩提道場，沒有不能度化的人。

一九五〇年代，我在宜蘭雷音寺講經時，常常有人群聚殿外大聲談笑、百般干擾。有一次，我把燈一關，只留下佛前點點馨香。外面喧譁的人，被突如其來的黑暗驚懾住，不由得瞬間噤聲。

推行人間佛教，正是源於「無我度生」。弘法，不要執著於自己的，或是傳統的，一旦住法執著，就被法所拘泥，不能夠權衡變通。

佛陀在世時，對調琴的琴師，就以音樂為譬，教導如何不疾不徐地調和自己的心性；對放牛的牧童就以牧牛為喻，教化弟子如何馴服放逸的身心。佛陀可以說是最善於觀機逗教的老師，不著於相，施方便法，才能夠使奧妙的佛法，契入聽者的心中。

不論是早年在宜蘭成立的念佛會，讓不識字的人也有機會拿起經卷逐字逐句念下去；接著在宜蘭成立的台灣第一支佛教歌詠隊，我寫詞，請宜蘭中學楊勇溥老師作曲，又設立了國文班，批改文章；當時為清寒子弟設立的「光華文理補習班」，拜託在學校教書的信徒義務輔導英文、數學、理化等科目。

到了一九五四年，我們走出寺院，組成「影印《大藏經》環島宣傳團」，帶領信徒環島四十四天宣傳布教，宣講《大藏經》，最遠曾到達澎湖外海的離島吉貝嶼。

一九九五年我主講《六祖壇經》，邀請台北市立國樂團配合演出，運用佛教梵唄大悲懺、念佛組曲、叩鐘偈等二十多首不同曲調，帶領與會大眾唱頌壇經偈頌，以能夠深入淺出表達經義；二〇〇二年我在台北國父紀念館主持「佛教唱頌講座」，運用敦煌變文中講述、唱頌、梵唄三者合一方式，結合文學與音樂，以文藝為法器，就是期望「以法度生」，但「不住法」，也不要拘泥有我的、固定的弘法方式。

如《法華經》中所說：

> 諸根利鈍，精進懈怠，
> 隨其所堪，而為說法。

又說：

> 若有國土眾生，應以佛身得度者，觀世音菩薩即現佛身而為說法……應以小王身得度者，即現小王身而為說法……應以童男童女身得度者，即現童男童女身而為說法。

因此，舉凡佛光山來了美術界的人，我就同他們談敦煌壁畫；來了體育界的人，我們就談少林功夫；來了農業界的人，就談僧人從西域引進的蔬果；來了軍人則談國防與心防；來了青年學生談青年的前途；來了小孩，談四小不可輕（星星之火可以燎原，滴水可以滋潤大地，沙彌將來可以成法王，小女孩長大可以做皇后）。我也與國科會的人談佛教的科學觀；和經濟部的人談佛教的財富觀；和工程人員談佛教的建築。

知道人間沒有不能度化的人，發了心，就沒有不能完成的事。

——發心當下，無限可能

無我度生，不是幫另一個人承擔生命，或者替他完成一切，而是給予他、幫助他在自己的人生當中、事業當中、修行當中，以至於度眾的過程當中能夠獨當一面，有能力給予眾生種種的需求。

我們發心度眾生，並不只是眾生沒飯吃就給他飯吃，沒有衣服穿就給他衣服穿。因為這種以物質往來，或情感的交換，是住相的，不會長久。真正的度眾生，要使人人都能進入無餘涅槃，都能達到了脫生死的境界。要度那麼多的眾生，且要度到無餘涅槃的境地，如此度眾生的發心，必須抱著「無對待心」，才是真正的度眾。

本領不是「教得會」，也不是「學得會」，而是「做得會」，做了就會了。只要發心就好了，發心的當下，就能激發無限潛能。省庵大師的《勸發菩提心文》說：「嘗聞入道要門，發心為首；修行急務，立願居先。心發，則佛道堪成；願立，則眾生可度。」

佛法重於實踐，而世間成就的祕訣，是獨當一面、能實踐的執行力。要發大心，就要無我；愈是無我，就能對更多人奉獻，愈感受不到自己的各種執著，就能有更大的包容。

回想佛光山開山之初，正是物力維艱、急需用人之際，我卻毅然決定送慈莊、慈惠、慈容、慈嘉、慈怡等弟子赴日深造。那時，許多人勸我說：「他們若是一去不返，待在海外，豈不是讓人才流失，白費苦心？若是學成回來，你又要如何領導這些高級知識分子呢？」

結果他們回來了，並且幫佛教做了更多事。所謂「聞道有先後，術業有專攻」，我從不以為自己比徒弟高明，我希望他們能夠「青出於藍，更勝於藍」。

《金剛經》中，佛陀再一次提醒須菩提，不要還執著於有「眾生可度」的念頭，因為眾生當體即空，並無實在之相，如果生心動念，以為有眾生可度，就落入我、人、眾生、壽者四相的執著之中。

「須菩提！於意云何？汝等勿謂如來作是念，我當度眾生，須菩提！莫作是念，何以故？實無有眾生如來度者，若有眾生如來度者，如來即有我、人、眾生、壽者。須菩提！如來說有我者，即非有我，而凡夫之人以為有我。須菩提！凡夫者，如來說即非凡夫，是名凡夫。」

「無我」並不是沒有我這個人，而是不要讓自己住著在人、我的對待當中。《華嚴經》說，心、佛及眾生，是三無差別。

所謂的「我」，有三種：真我、假我、神我。

真我，是如來所證的「八自在我〔注〕」，就是諸法平等的真性；假我，是凡夫眾生有所執著的我；神我，就是邪魔外道的我。

佛陀認為，心、佛、眾生沒有差別，一切凡夫都具有如來智慧，凡夫暫時假名為凡夫，只因他一時住相不覺，未能了悟生死。佛度眾生時，若產生分別對待的雜染，那佛也成了凡夫。所以，應該以平等心度平等眾，外不見所度的眾生，內不見能度的我。

凡夫有我，才會執著於自我的成就，害怕他人的成就高於自

注

八自在我，即：一、能示一身為多身；二、示一塵身滿大千界；三、大身輕舉遠到；四、現無量類常居；五、諸根互用；六、得一切法無得想；七、說一偈義，經無量劫；八、身遍諸處，猶如虛空。

己，才會有分別、計較的心。殊不知我們的聰明才智、能力和成就，都是因緣和合而成，都是集合很多人的力量，因此對別人有所奉獻的時候，也不要時時惦記著自己是在幫別人的忙。

弟子進修，不該是為了自己，也不是為了成就佛光山，而是為了同體、和諧共生的世間眾生，為了更有效率地「無我度生」。所以我讓弟子出國進修，開拓了心胸和眼界，他們取之於社會，回饋於社會，說起來，他們都不是我的弟子，也不是佛光山的弟子，而是佛教的、人間的弟子。

因此，佛光山開山之初，我就為佛光人訂出四大工作信條：

一、**給人信心**——多關懷讚歎他人。

二、**給人歡喜**——把歡喜帶給別人。

三、**給人希望**——多期待鼓舞別人。

四、給人方便——凡事相助不推諉。

我們的心永遠向別人開啟，向世界開啟，奉行這四大信條，才能與《金剛經》的「無我度生」相應，才能證入實相般若。

我們的心每天住在哪裡？

對諸法產生虛妄的分別心，就是住相，過去、現在、未來「三心不可得」的「無念境界」是不執著，不執著，生命才能往前進，不會像陀螺一樣在原地踏步。不住內，也不住外，才能來去自由。

第六章——無住生活：真正的自在

過去心不可得，
現在心不可得，
未來心不可得。

我們的心每天住在哪裡？

現代生活包羅萬象，許多人不斷切換生活的角色和頻道，執著於「六塵」(色、聲、香、味、觸、法)，每天患得患失，不是喜歡各種美色，就是執取各種聲音，各種味道，以假為真，以無為有，以穢為淨。被自己的、別人的各種妄念，生活的、世界的各種假相迷惑，產生顛倒夢想。我們每個人雖然都只有一個「肉團心」，但是有情眾生生活在「妄念」裡，心住在「五欲六塵」裡。

心若有住就不安全、不穩定，色聲香味觸法都會變，聲音說了就沒有了，都不是你的。如果不入、不住、超越，要住在哪裡？住於「般若」，這是另外一個超越的世界。甚至在那一個世界裡，你一樣可以在色聲香味觸法裡感到自在，因為人在世間要生活，有家庭、有兒女，一樣可以有大修行，就如維摩詰居士「雖處居家，不著三界；示有妻子，常修梵行」。

佛陀不是成佛了就不吃飯，成佛了就不要世界，他一樣要過世間的生活。佛陀一樣會生氣，也會罵人，不過他生氣、罵人跟一般人是不一樣的。如佛陀常訓誡弟子「不知苦惱、愚癡、非人」，我認為這就是罵人，但罵得很藝術、不刻薄。我們一生氣，情緒就有很大的波動，佛陀生氣是不住在情緒裡的。例如佛陀教訓羅擢羅，看起來很嚴肅，卻是出於度化，所以說不住在情緒裡，不受情緒擺布。

「須菩提！於意云何？如來有肉眼不？」

「如是，世尊！如來有肉眼。」

「須菩提！於意云何？如來有天眼不？」

「如是，世尊！如來有天眼。」

「須菩提！於意云何？如來有慧眼不？」

「如是，世尊！如來有慧眼。」

「須菩提！於意云何？如來有法眼不？」

「如是，世尊！如來有法眼。」

「須菩提！於意云何？如來有佛眼不？」

「如是，世尊！如來有佛眼。」

「須菩提！於意云何？如恆河中所有沙，佛說是沙不？」

「如是，世尊！如來說是沙。」

「須菩提！於意云何？如一恆河中所有沙，有如是沙等恆河，是諸恆河所有沙數佛世界，如是寧為多不？」

「甚多，世尊！」

佛告須菩提：「爾所國土中，所有眾生若干種心，如來悉知。何以故？如來說諸心，皆為非心，是名為心。所以者何？須菩提！過去心不可得，現在心不可得，未來心不可得。」

佛陀透過恆河的沙數，比喻眾生的心不可計量，因為，佛眼可攝一切眼，在諸佛世界中的一切眾生，所有種種不同的心，佛也是完全知曉的。為什麼呢？

《大乘起信論》說「一心開二門」，眾生與佛本具同一心性，但因為無明妄動，而有生住異滅、迷悟染淨的相狀；因此，「一心開二門」：一是真如心，另一則是妄念心、生滅心、無明的心。

眾生與佛，本來無異。眾生心就是佛心，眾生本有佛性，與佛原來無二無別，所以如來能悉知眾生心性。但是，眾生被六塵所蒙蔽，生出種種虛妄心念，忘失寂然不動的真心，執著在妄想之中，就無法證悟「實相」；而佛不為業轉，了悟真心。佛知眾生為同體，因同體而起滅度無量眾生的大悲，是以「同體大悲」。

佛眼攝一切眼，就是所謂的「一體同觀」，就是「萬法歸一，更無異觀」。佛以一眼攝五眼，一沙攝恆河沙，一世界攝多世界，一心攝眾生心。

五眼並不是說一個人長五個眼睛來看東西，而是同一個眼睛，就他所能看見的意義來說，有這五種不同的境界。這五眼就是：

一、**肉眼**：世人皆具，受到種種障礙而不通達。

二、**天眼**：天人所具，人中修禪定可得。內外、晝夜皆能得見，仍有理障。

三、**慧眼**：為二乘聖賢照見平等法界空無相的智慧，但因所知障故，有智無悲，雖勝天眼，猶不及法眼能悲智並用。

四、**法眼**：菩薩所具，為適應機緣，度化眾生，照見一切世、出世法，差別相，以及眾生心藪，前因後果，如幻緣起的智慧。

五、**佛眼**：佛陀照見諸法實相，圓具前四眼，而超勝四眼者。

佛陀和凡夫沒有不同，眾生和佛平等，如來雖具五眼，卻也不捨離眾生皆具的肉眼。凡夫，也能五眼具備，只是凡夫有所知障，各以己見為是，各有所執，便不能徹見一切，而局促於自己的偏見。

《華嚴經．普賢三昧品第三》說，如來的心「離諸諂誑心清淨，常樂慈悲性歡喜」。凡夫的心原與如來無二致，只要懂得化慳心為捨心，化瞋心為喜心，化貪心為施心，化殺心為慈心，自然解冤消愁，不再於刀口上舔蜜，貪求世間五欲的滋味。改變外在的環境，不如改變我們內在的心境。就如一池落花，兩樣心情。有人憐惜好花飄零，有人卻歡喜花果將熟。

傅大士有一偈說：「天眼通非礙，肉眼礙非通，法眼唯觀俗，慧眼直緣空，佛眼如千日，照異體還同，圓明法界內，無處不含容。」

佛陀所證悟的法界真如，等同虛空，既無分別心識，則彼此一如，人我同等，眾生皆是其心內之眾生，當然皆能悉知。無分別心，就好像一面大圓鏡，物來即映，了無遮礙，洞然明白。

對諸法產生虛妄的分別心，就是住相，《金剛經》說：「凡所有相，皆是虛妄。」若能不住相，就不為妄境所動；不為妄境所動，則不生不滅，如此清淨本然之體可以顯現。

過去、現在、未來「三心不可得」的「無念境界」是不執著，不執著，生命才能往前進，不會像陀螺一樣在原地踏步。我們的心不住在「六塵」，而且，不住內，也不住外，才能來去自由。所以我們要能夠：

一、**不追憶過去**：現在的生活若比過去好，通常，就不會執著於「當年勇」。「白頭宮女話當年」，人老了，感到自己失去了青春，年邁了，時不我與，才會沉緬在過去，回憶當年如數家珍，所以不要追憶過去。

二、**不貪著現在**：現在生活中的欲念交逐，人我是非，只要斤斤計較，就會患得患失，一旦開始計較，就不能免除分別心。

三、**不幻想未來**：生滅無常。未來還沒有到，計畫總是趕不上無常的變化，因為每個當下都是因緣和合而成，誰也沒有辦法保證對未來的預測。

如果能不追憶過去，就是「修定」；不貪著現在，就是「持戒」；不幻想未來，就是「修慧」，三心不可得的「無念境界」正是對「戒、定、慧」的修行。

──清淨自在的心

佛告須菩提：「於意云何？如來昔在然燈佛所，於法有所得不？」

「不也，世尊！如來在然燈佛所，於法實無所得。」

「須菩提！於意云何？菩薩莊嚴佛土不？」

「不也，世尊！何以故？莊嚴佛土者，即非莊嚴，是名莊嚴。」

「是故須菩提，諸菩薩摩訶薩，應如是生清淨心，不應住色生心，不應住聲香味觸法生心，應無所住而生其心。」

世界上什麼東西最大，什麼動作最敏捷？不是須彌山最大，也不是電光最快速，而是我們的心念！攝受三千法界和剎塵毫釐，大小不過是世俗諦的假名分別。佛陀為我們拆去授記相、嚴土相、佛果相的種種障礙。「應無所住」不是不積莊嚴剎土的福慧資糧，更不是執取無授記無佛果的斷滅知見，而是要我們肯定自性本自具足的佛土、本自莊嚴的無相法身。

佛陀說，無法可授，無人可得，令眾生知佛果性空，不應有能得的心，執求能得的法。「應無所住」即是清淨自在的心。

唐末五代的雲門文偃禪師，曾經在浙江的道明禪師門下參學。

當他從門外要跨入門內時，道明禪師突然用力關上門，把雲門的一隻腳夾住了。他不禁痛得大叫：「哎唷！好痛好痛啊。」

道明禪師問說：「誰在喊痛？」

雲門禪師答說：「是我啊。」

道明禪師問：「你怎麼會痛？」
雲門禪師答說：「我腳在門內。」
道明禪師：「腳在門內，那你人在哪裡？」
雲門禪師答說：「我在外面。」
道明禪師：「你人在外面，腳怎麼會在裡面？」
雲門禪師突然明白了道明禪師的深意：如來自性，般若本性，是沒有內外之別的。俗世間的內外、你我、善惡、大小等等，都是虛妄對待，有情眾生執著這些內外的分別假相，而被虛妄對待緊緊纏縛，不能超越。

從真心本性上來說，罪業也是空性的。「妄念」一滅，罪業也就沒有了。所以說「放下屠刀，立地成佛」。有偈語說：「罪業本空由心造，心若滅時罪亦亡，心亡罪滅兩俱空，是則名為真懺悔。」我們的一念心中，具足十法界。我們的心，一天當中不知道在十法界來去多少回。發了慈悲心、菩提心，不就是佛心嗎？布施、為人服務，不就是天人的心嗎？起了貪、瞋、癡，想算計別人，想殺人、害人，不就是地獄、餓鬼、畜牲嗎？往往一念之間，一念三千，如果找不到真心，就無法自在了。

世間有情大眾，各有各的執著，也許是名利、權位，華服、愛情；或執著於知識見解，認為科學才是理性，佛教是迷信。但是，大家認為是理性的科學，不管是數學或物理的理論和定律，甚至是化學和生物的實驗測量驗證，都必須先有「假設」。這些推演出定律的「假設」，一定是清楚明白、能夠相信的觀念或想法嗎？

三心不可得的「無念境界」是不執著，不執著，生命才能往前進。

比如說，數學常常以代數「假設」，才能展開演算，或者推演出公式；又比如平面幾何，先「假設」兩條平行線在無窮遠的地方是否相交，這種「假設」是沒有辦法證明的，無窮遠你怎麼去證明？無窮遠的地方到底兩條平行線能不能夠相交？但是「平行線在無窮遠處不相交」的「假設」，推衍出來是很多人都學過的歐式幾何。又比如經濟學上，在「假設」其他條件不變的狀況下，展開討論，但是現實生活中，這個其他條件不變的「假設」是不存在的，唯一不變的就是所有的條件都一直在變，這不正是佛學講的「無常」？

如果我們回到每一個學說的起點去思考，想想那些我們深信不疑、已經完全滲透在我們日常生活和社會結構當中的知識，真是顛撲不破的嗎？

六祖惠能聽五祖弘忍講《金剛經》，五祖講到「應無所住而生其心」時，他徹悟了「一切萬法不離自性」，於是向五祖說：

何其自性，本自清淨！何其自性，本不生滅！

何其自性，本自具足！何其自性，本無動搖！

何其自性，能生萬法！

佛有十種名號，佛亦名「世尊」或「如來」。如來者：無所從來、亦無所去，所以「無來無去」。所謂「如來」，「如」，是不變的、靜默的法身；「來」，是隨緣的、變化的應身。因此應身縱有千百萬個，法身卻是不變的，所以「如來」，就是動靜不二，如如而來。眾生的本性原來是清淨的，是不生不滅的；人本來就沒有來去，沒有生死；眾生本具有佛性，不假外求；每個人本來具足的本性沒有動搖，本性就是本體，能生一切萬法。

「無所住」也可以說是「沒有假設」，佛法是「無所住而生其心」，而其他的科學和人文是「因（依）所住，而生其心」；因著、依照所住的「假設」，推演出種種學說和定律。人文和科學的知識，沒有假設就沒有辦法成立；佛法，「應無所住而生其心」，是不依因、不住在任何的「假設」，而能夠解除凡心的種種纏縛，這也正是《金剛經》的精髓所在。

跋提王子本是佛陀的堂弟，後來出家做了比丘。有一次，他與阿那律、金毗羅等三人在樹林裡修行，在修行的時候，他忽然大叫起來說：「啊！快樂啊！實在太快樂！」

阿那律就問他：「你大聲叫什麼？什麼事使你那麼快樂？」

跋提回答說：「阿那律尊者！我過去做王子的時候，住在銅牆鐵壁的王宮裡面，有許多侍從勇士拿著武器護衛著我，我仍然恐怖刺客的謀害；我吃的是山珍海味，穿的綾羅綢緞，過著非常奢華的生活，可是我老是覺得食不知味，穿著不夠華麗。

「現在我出家當比丘了，一個衛兵也沒有，獨自一個人靜靜在樹林中坐禪，但不怕有人來殺我，衣食都非常簡單，但我內心覺得非常充實，我現在可以自由地坐，自由地睡，一點也沒有不安的感覺。因此，我心中有說不出的愉快！」

寵愛、權位、財富，固然帶來了生活表相的幸福或便利，也會成為生命的負累和羈絆。「應無所住而生其心」，就是佛性、佛心，就是「實性」，真實的自性，也就是「真如佛性」。能夠安住身心，就不會被別人的一個眼神傷害，被別人的一句話利誘，乃至被貧富寵辱毀譽動搖了初衷，所以，想要找到安身立命的所在，要先能夠「無住生活」。

心無所住，需要用時間來修鍊完成，但要時時警醒自覺，檢查自己的發心是染淨、是正偽，如同經典所言：「發心正，果必圓。」

心如虛空，應如所教住，即心不住著一處而住，從調伏柔順到安住如虛空，我有幾點安心之道，可以在生活中慢慢學習，如何和我們這顆心相處。

一、**酷暑寒冬都美**。

二、**南北東西都好**。

三、**高低上下都妙**。

四、**人我界限都無**。

——死囚頂油，全神貫注

《妙色王因緣經》說：

> 由愛故生憂，由愛故生怖；
> 若離於愛者，無憂亦無怖。

「愛之欲其生，惡之欲其死」，愛與恨常常糾纏不清。有時候，兩個人今天愛得難分難捨，明天卻勢如水火，現在恨他到了不能再恨的地步，將來卻可能需要他的協助。愛恨有所住，心就無法自由。何妨如蘇曼殊的詩，「禪心一任娥眉妒，佛說原來怨是親；雨笠煙簑歸去也，與人無愛亦無瞋」？

佛陀在世時，有一名年少比丘，無法控制自己對異性的貪念，心中十分痛苦。靜坐時，內心雜念紛起，無法專注修行。有一天，他思惟著：如果無法消除欲望的煩惱，欲望就會破壞我的戒行，為了保持清淨的戒行，斷除痛苦，不如切斷性器，立刻能得無憂的安樂。

當這名年少比丘準備拿起刀動手時，佛陀忽然走進來，佛陀說：「你不要做傻事！善惡的根源，都在我們的心中，並不在我們的心外，你不關掉內在紛擾的念頭，卻往心外求法，根本無法斷除煩惱。」

這一輩子，我們應該欲望很淡薄，但愛心要很強。

愛是人性所需，也是生命的根源，沒有父母相愛，我們怎麼出生？佛門所說的感應道交，如同現代人所說的「來電了」，就是一種「觸動」，一種愛。不愛佛陀，怎麼會去禮拜佛陀？不愛師父，怎麼會去恭敬師父？不愛常住，怎麼會願意為常住奉獻犧牲？

但是，這種愛是大愛，愛與欲不同。我們愛大自然、愛山、愛海、愛樹、愛花，喜歡親近，但不需要占有。欲望則出於自私的貪愛，總在歡樂與煩惱裡糾纏不清。沒有欲染的淨愛是可貴的，給人滋潤和力量，卻沒有私心和混亂。

不斷昇華的愛，無有所求的愛，就是慈悲。

心有愛結、愛染，生起憂悲恐怖，飄零於三界風塵中。《金剛經》要我們心無所住，凡所有相，不生愛著，把愛昇華為布施的大慈大悲。

有一個國王，因為心愛的王妃病逝，悲傷過度而不思飲食，每天以淚洗臉地陪伴在王妃的遺骸旁邊。雖然許多大臣都勸國王要節哀順變，但是卻絲毫沒有作用。過了一段時間以後，有一天，有一位仙人來訪，大臣便將國王的情況告訴他，仙人便向國王說：「我不但可以說出王妃投胎的地方，甚至讓國王直接與他交談。」

國王聽了以後，相當高興，立即要仙人帶他前往那裡。當仙人引導國王走出庭院，指著兩隻正忙於搬運牛糞塊的甲蟲說：「國王，這一隻正是病逝不久的王妃，他現在已經投胎轉世成為吃牛糞的甲蟲妻子了。」

國王感到相當驚訝並且生氣地說：「你怎麼可以誣衊我的妃子呢？」

仙人回答：「國王您不要不相信，您仔細聽聽看吧！」

說完，就呼叫著甲蟲，聽到王妃回答的聲音。

國王問著甲蟲說：「你喜歡生前的我，還是喜歡甲蟲丈夫呢？」

王妃回答說：「生前受到國王的恩寵，過著幸福的生活。不過往事已如雲煙，現在的我當然是喜歡吃牛糞的甲蟲丈夫。」

國王聽後，如夢驚醒，回宮立刻命令大臣埋葬王妃的遺骸。

所謂「鐵屑翳眼，金屑也會翳眼；烏雲蔽日，白雲也會蔽日」。白雲烏雲，一樣會遮礙日光；金索鐵索，一樣地會拘縛我們。順逆因緣皆是佛道，善惡事理用之得法，可以成為度眾方便，應該以更超越的眼光來看待這個世間，才能無住、自在。

我們的生活，會一日一日逐漸形成固定的模式，於是，當捷運停駛了，火山灰干擾飛航了，我們就瞬間感到整個世界停擺了、混亂了、崩毀了。我們對習染有住，成為依賴，就會為我們的生活帶來煩憂。比如說，習慣被某個人疼愛，失去了寵愛，如喪考妣；在日常生活裡，當無法適應突來的變動，心緒牽動擾亂，往往會立刻手足無措。

過去印度有一位國王想測驗心的力量究竟有多大，於是派人到牢獄裡抓來一位死囚，並且對他說：「現在你就要被判死刑了，不過我可以再給你一次機會，如果，你能夠手捧著一碗油，頂在頭頂上，在城內的大街小巷繞行一周，而能夠不灑落一滴油的話，我就赦免你的死罪。」

死囚在絕望之中，突然有了希望，歡喜不已，於是小心翼翼地頂著一碗油，繞行於街道。但是，國王企圖分散他的注意力，派人在街道各處布置種種奇觀雜玩，並挑選國中的美女，在他經過的路旁隨著美妙的音樂，輕歌曼舞。

死囚一心想要活命，只擔心頭頂上的油會潑灑出來，所以專注於一步一步往前走，所有的聲音、美麗景色，彷彿一陣雲煙，一點也無法引起他的興趣。

他平安地繞回宮中，一滴油也沒有灑落。國王問他：「你在繞街時有沒有聽見什麼聲音？看見什麼動靜？」

「沒有啊！」

「你難道沒有聽見悅耳的音樂，看見動人的美女嗎？」

「回稟大王！我確實什麼也沒有聽見，什麼也沒有看到。」

一心不亂就像死囚頂油，全神貫注。我們想要過無住的生活，受持般若無上法，就必須學習故事中的死囚，心中只有一碗油，面對世間的五欲引誘，不為所動，視而不見，聽而不聞。護念清淨心，就像死囚一心護著頭頂上的油，跨越生死的關頭。

——心在何處

現代人往往一心多用，以為這樣能同時做更多的事情，例如：一邊打電腦，一邊講手機，還要一邊聽音樂，吃零食。心散逸在各處，感覺很忙，也很茫然。

聽著廣播，打開電視，翻開報紙雜誌，現在還多了網路，儼然每個人都是別人的導師或專家，每個人都在告訴你如何賺比別人更多的錢，如何在三十歲以前成功，如何跟得上流行，如何掌握時代脈動，走在時代的尖端。嘴巴一刻也不得閒，八卦，轉述恩怨是非，道聽塗說。我們實在不需要為人間的是非加油添醋，不要不明所以地轉述，以妄心、妄言、妄斷，挑動更多的是非。

許多人每天埋頭苦幹，分分秒秒地壓榨別人，壓榨自己，或者聽任自己被壓榨。只有失意、落敗了，才會想到宗教。把宗教當成感冒藥，感冒好了又故態復萌，所有的習染，依然故我，於是，生命就在這樣的重覆當中虛擲了。

從前有個姓尹的富翁，一心想要擴大自己的財富，每天要僕役們從早到晚不得休息地四處奔走。

有個老僕役，白天做工時累得他呻吟痛呼，晚上昏沉疲倦，酣睡如泥。夜夜夢見自己做了國王，在宮殿中宴飲遊玩，想要什麼就有什麼，誰也不敢違逆他，但隔天早上醒來後依然被富翁驅使。有人見這個老僕役如此勞苦，便去安慰。老僕役卻說：「人生不過百年，日夜各占一半。我白天做奴僕，要說辛苦實在是夠辛苦的了；但我晚間做國王，享受無比的快樂，還有什麼可計較的呢？」

富翁費盡心機，處心積慮地操持家業，弄得身心疲憊不堪。每到夜晚，也是在昏昏沉沉的狀態下入睡，天天夢見自己成為別人的奴僕，來回奔跑，勞作不已，被主人數落、責罵、鞭打、凌辱。富翁每晚在睡夢中的痛苦呻吟，直到天亮才停息。

富翁為此非常痛苦，就去詢問他的朋友有什麼辦法。朋友說：「你的地位使你受人尊崇，你的財富多得幾世都用不盡，白天做主人，夢中做僕人，這是很公平的。」

《大乘起信論》將一心分為二門：念念生滅的妄心就會漸次轉化為虛靜靈明的真心。

維摩詰大士到酒肆賭場，以善巧方便接引眾生；佛陀因地修行時，也曾為拯救五百個商人脫離賊難，不惜犯下殺戒。世間原本是「一半一半」的，「一半」是佛的，「一半」是魔的；「一半」是正的，「一半」是邪的。但是，「正人行邪法，邪法也成正；邪人行正法，正法也成邪」，我們要擇善固執，堅守佛的那「一半」、正的那「一半」，千萬不要被邪魔歪道的另一半所顛倒迷惑。

佛教，就弘傳的地方來分，有南傳佛教的「一半」，北傳佛教的「一半」；就傳法的方式來分，有顯教的「一半」與密教的「一半」；就接受的對象來分，有在家眾的佛教，另「一半」是出家眾的佛教。我提倡南傳北傳並重，顯教密教融和；我為出家徒眾建立制度完備的僧團，也為在家弟子擘畫組織健全的教團。

我這一生多次面臨死亡，住院開刀，從生死病痛中體悟人生。有些人體魄向來強健，然而卻一病不可收拾；有些人體弱多病，命如懸絲，卻長壽多福。有些人雖然身體某一部分殘障，另一部分器官功能卻特別發達；有些人雖然方耳大眼，四肢俱全，卻視而不見，聽而不聞，行止無度，威儀不周。世間的事是如此，無法盡善盡美，所以我們不必求全，只要看破放下，就能隨喜自在。

經常聽人說：「你們學佛的人既不講究華衣美食，又不懂得享受作樂，人生不是太消極枯燥了嗎？」倘若這樣的快樂是真實不虛，為何許多能夠這樣生活的人感到生命空虛、不知道該何去何從？不知道此生的意義為何？

經云：「吾有法樂，不樂世俗之樂。」法樂帶來的心安、自在，帶來人際之間的和諧、坦然。看看社會上有許多人為了功名利祿，只知道爭先恐後地汲汲鑽營物質那「一半」的世界，而忽略了心靈這「一半」的世界，結果愈推擠，門徑愈窄，撞得鼻青臉腫，跌得粉身碎骨。人生不必求全，一切但求盡其在我，俯仰無愧。

清朝李密菴曾寫過一首〈半半詩〉，最能表現「一半一半」的悠然境界：

看破浮生半百，半生受用無邊，半殘歲月儘悠閒，半裡乾坤開展。
半郭半鄉村舍，半山半水田園，半耕半讀半寒廛，半士半民姻眷。
半雅半粗器具，半華半實庭軒，衾裳半素半輕鮮，餚饌半豐半儉。
童僕半能半拙，妻子半樸半賢，心情半佛半神仙，姓字半藏半顯。
一半還之天地，一半讓將人間，半思後代與桑田，半想閻羅怎見。
飲酒半酣正好，花開半時偏妍，帆張半扇免翻顛，馬放半韁穩便。
半少卻饒滋味，半多反厭糾纏，自來苦樂半相參，會占便宜祇半。

藥山禪師曾經指著庭院的兩棵樹，問他的徒眾：「榮的好？還是枯的好？」

道吾說：「榮的好。」

雲巖說：「枯的好。」

高沙彌說：「榮的由它榮，枯的由它枯。」

好一個「榮的由它榮，枯的由它枯」！在春天裡，紅花綠葉，顯得相得益彰；在夜半空中，星月交輝，更覺宇宙之浩瀚偉大。只要我們懂得互相尊重、包容，彼此調和、平衡，就會發現「一半一半」的世界真美好！

禪門中，你問老禪師如何修行，他說：「吃飯睡覺。」你說：「我們也吃飯睡覺，我們也是很有修行嗎？」不算。為什麼？因為你吃時挑肥揀瘦，睡時翻來覆去，睡不安寧。老禪師吃飯，菜根都是香的，睡覺是舒服安然的。這是不一樣的。

什麼叫修行？以吃飯來說，你覺得每一餐都很美、很好吃，那就是禪悅法喜；你每天睡得舒服、自在，那就是解脫，覺得安心，就是修行。大珠慧海禪師：「饑來吃飯，睏來眠。」能夠安穩入眠，心不住想念，要有善業的修持。我們可以體會《大般涅槃經・梵行品》卷十九的偈頌：

身無諸惡業，口離於四過；心無有疑網，乃得安穩眠。
身心無熱惱，安住寂靜處；獲致無上樂，乃得安穩眠。
心無有取著，遠離諸怨仇；常和無諍訟，乃得安穩眠。
若不造惡業，心常懷慚愧；信惡有果報，乃得安穩眠。
敬養於父母，不害一生命；不盜他財物，乃得安穩眠。
調伏於諸根，親近善知識；破壞四魔眾，乃得安穩眠。

因此，我們不要把煩惱帶到床上，今天任何的不愉快要能盡快放下，不要帶到睡眠裡，不要把仇恨帶到明天。要想過著修行的無住生活，就不要有「隔宿之恨」。禪定，是關掉「有所住著」的自己，脫離有所住的日常，不再執著於自己的妄念偏執，把心帶回無住自在的清淨菩提。

禪門中有句話說：「不破本參，不住山。」可見，菩薩因地修行，要先成熟福慧二嚴，心中已有個消息，才談閉關住山，不是以此來誑惑他人，輕心慢人，欺瞞自己。閉關不是逃避生活的藉口，更不能淪為鍾鼎山林、沽名釣譽的台階。

真正的閉關坐禪要能做到：

一、**關閉六根賊**。

二、**禁足妄想心**。

三、**正觀三毒軍**。

四、**清淨身口意**。

「坐禪」不是表面上蒲團上的靜坐，而是超越一切，不動心起念，明心見性，見性成空，空即般若。

——時間管理

也許有人讀到這裡，會以為「心無所住」的大自在，就是逍遙自在，我行我素，鬆散隨便，也不需要管理自己的時間。

其實不然。我做每件事情，都會做事前的規畫，並且妥善利用瑣碎的時間。我與人有約，一定把誤差的時間計算在行程中，為什麼？因為我的信用比時間還寶貴，不能藉口忙、時間不夠，而讓對方久等。常常是我已經好整以暇坐在車上，反而是隨行弟子丟三揀四，拖延了行程，以前我常半開玩笑半教訓地說：「我就這樣等了一生！」

錄製電視節目，每集不論是五分鐘、八分鐘，我都會事先準備妥當，每個主題，設計起承轉合，講完，前後相差不到十五秒，而且從不NG。錄好的帶子不用剪接就可以播出。

管理時間就是珍惜生命。

能夠管理、善用時間的人，他的時間是心靈的時間；而不能夠善用時間的人，他的時間只是鐘錶刻度的時間。

──權位無住

佛光山創建之初，我在組織章程第四章第二十二條中明訂：「本寺住持即宗長，六年一任（後來改為四年），連選得連任一次，特殊情形下，有三分之二以上同意者，得連任兩次。」

第二任住持任期即將屆滿，我已經開始思考後續，第三任屆滿，我宣布依照章程退位，許多信徒哭跪請留，但是，我心已決，於一九八五年傳位給下任住持：心平和尚。

我在四十歲時出任佛光山住持，之後的心平和尚、心定和尚、心培和尚，都在四十歲左右接任，新一屆宗委會都是「青壯派」。

任何國家、企業、團體的「世代交替」，才是「永續經營」的關鍵。只要是人，難免有得失心，但是，愈是計較，愈是背著沉重的包袱，要看淡「上台下台」，因為能放下，才能更超越、更自在。

不要久住權位，要給年輕人機會，讓年輕人去做，做得不好，我們很多資歷比較深的人都還在，可以提醒修正、傳承經驗。

——死生自在

大梅法常禪師知道自己即將離開人間，有一天，他對弟子說：「即將來到的，我們無法拒絕它；已將過去的，我們也無法留住片刻啊！」

法常禪師從容無懼，正當要閉眼離去時，聽到窗外鼯鼠的叫聲，他含笑說道：「修行人追求一生的，就是眼前這個了，不是別的，你們要好好修行，我要離開了！」

大梅法常禪師，圓寂之前，那個當下，就只聽見鼯鼠的叫聲，沒有別的了，森羅萬象盡在其中，也不在其中。所謂不住生死，就是要以般若的智慧，超越生死；所謂不住涅槃，就是以大慈大悲服務人間，救度眾生。

《大般若經》說：菩薩摩訶薩，於一切法無所取著，能從此岸到彼岸故；若於諸法少有取著，不能從此岸到彼岸。

大愚良寬禪師於天保二年一月六日圓寂，臨終前，他表示死亡就如睡眠一樣，當死亡來時，此刻最為美好！不要對過去、現在、未來有所住著，無心地享受死亡的寧靜，才是入佛的門徑。他留下一首和歌：

春意在枝頭，杜鵑深山啼；

紅葉風捲去，無影亦無跡。

凡夫的內心，經常恐懼未知的未來，對過去充滿懊悔，而現在，心又不住在當下。我們對當下的此刻常常意緒紛紛。總在幸福的當下，擔憂無常，在悲痛的時刻，懊悔過去，有時心發狂、想要尋短，有時卻又希求不老之身。有情眾生，這樣想、那樣想，想來想去，心如野馬，揚起塵埃遍是。

唐朝末年，呂洞賓（呂巖真人）三次應試都沒中舉，偶然在長安的小酒館遇到了鍾離權，鍾離權傳授給他延命法術，從此，他歸隱山林。一日，呂洞賓經過黃龍山，看見山上紫雲成蓋，知道此處有不凡之人，便前去拜訪。正是黃龍禪師擊鼓升堂，他混跡人群之中。

黃龍禪師早就看見他，喝斥說：「此處有個偷法賊！」

呂洞賓從人群中，挺身站出，問黃龍禪師：「一粒米中藏世界，半升鍋裡煮山川。請說這是什麼？」

黃龍禪師指著他說：「你這個守屍鬼！」

呂洞賓說：「你怎奈何得了我的不死藥。」

黃龍說：「就算你活千年萬載，終落空亡。」

呂洞賓聽了大驚，於是飛劍直刺黃龍，但劍卻刺不進去。呂洞賓當下跪拜，請求指示。

黃龍說：「半升鍋裡煮山川我就不問了，什麼是一粒米中藏世界？」

呂洞賓忽然大悟。做了一首偈子：

扔掉瓢囊摔碎琴，如今不戀水中金。
自從一見黃龍後，始覺從前錯用心。

呂洞賓扔掉裝著不死藥的瓢囊，頓悟這麼長的時間以來，執守自己的肉身，根本就是錯用心機，要個長生不死的色相，億萬劫數，終不免墮落。肉身色相，只是四大因緣和合，又何必費盡心機、想盡辦法延續？

世間一切，本就依著成住壞空的因緣生滅。死亡，不僅是肉體上的，也可以是每一個念頭的生滅。當富貴死亡時，當愛情死亡時，當地位死亡時，當權勢死亡時，凡所有世間的因緣，壞去死亡時，我們感到無所依附時，要能參透因緣和合，生滅本來就應無所住，才能隨緣自在。

在《中論．觀因緣品》第一，有一〈八不因緣頌〉，可以說明法身之體，無有生滅、常斷、一異、來去的妄相。

不生亦不滅，不常亦不斷。
不一亦不異，不來亦不去。

能說是因緣，善滅諸戲論。
我稽首禮佛，諸說中第一。

生連接著死，死連接著生；既生即會死，死後還有生；死生原來也是幻化的假有，有什麼好擔憂，為什麼不自在？

「無住生活」就是「不以物喜，不以己悲」，能夠對外境超然、不執著己心的生活。佛陀在《金剛經》所揭示的並不是出世的玄理，而是要凡夫也能在生活中照見般若自性，得到更自在的生活。

生與死，是一半一半的世界，我們若只看到生的一半，歡喜雀躍；只看到死的一半，痛苦悲傷，不管是生的一半，或死的一半，只有看到一半的世界，就不會明白生死如薪火相燃不息。其實生死是不二的，生未曾生，死又未曾死，因為我們有一個不生不死的生命。

佛教的行者是透徹生死的專家，在人命如呼吸間的不可知，無法主宰的當下，我們要能把握每一個念頭，明了精神世界的內在價值，對人間更應該要惜物惜情，發大勇猛，才能開發一個真善美的淨土。

無得而修，但不否定修行的得。

佛陀要我們修行時不執著，卻不是不必修行。「應無所住而生其心」，過與不及不都是執著。人間的佛教就是用出世的精神，作入世的事業。

第七章——無得而修：真實的獲得

須菩提白佛言：「世尊！佛得阿耨多羅三藐三菩提，為無所得耶！」

佛言：「如是如是！須菩提！我於阿耨多羅三藐三菩提，乃至無有少法可得，是名阿耨多羅三藐三菩提。」

所謂「無所得」是指「沒有定法可得」。般若妙法，本是自己所有，非心外而得；本來無失，故無所謂有得。若以為有所得，還是執情未忘。凡夫以為物可得，法可說，都是有住的執著。也有人以為法不可說，也不可得，但可以心得，這樣還是落入了執著，就是所謂的「事障」、「理障」——「事障」障凡夫，「理障」則障菩薩。「無得」就是要破事、理二障，法不可說，就是要破語言文字之障，若能得「無得」之得，才是真得，才能還現本來的清淨自性。

《金剛經》中說：「所謂佛法者，即非佛法。」佛陀在《金剛經》破了一法又立一法，立了一法再破一法，無論破或立，都是要我們不住一法，要明究般若自性。

有一天，天然禪師忽然宣布：「我想念山林終老之地。」

於是結束了雲水生活，去南陽丹霞山結庵而居。三年之內，不少人紛紛前往參學，他的門下竟多達三百多人，遂將茅庵擴建成院。

他經常對門人說：「你們那個東西要好好保護，那不是能談論之物。難道禪可以解釋嗎？又哪裡有什麼佛可成？『佛』這個字，我一輩子都不愛聽。現在學佛的人紛紛擾擾都忙著參禪問道，卻不知自家寶藏。我這裡無道可修，無法可證。了卻自心，別無疑慮。不了自心，迷卻本來面目，就像瞎子，牽著一群瞎子，一起跳入火坑！」

天然禪師破除凡夫以為有個正覺可得的「事障」，又破除「理障」。當我們以為自己懂得了、悟道了然了，凡事就有定見、成見，甚至要拿知識和修行與人較量、爭個高下，自以為「得」的修行，反而成了我們的障礙，所以要無得而修。

般若超越知識和智慧。「應無所住而生其心」，真空才能生妙有。

夢窗國師年少時，千里迢迢的到京都一山禪師處參學，有一天到方丈室叩問：「弟子大事未明，請和尚指示開悟法門。」

一山禪師嚴峻地答道：「吾宗無言句，何有一法與人？」

夢窗再三懇求：「請和尚慈悲方便。」

一山更加嚴厲地道：「我這裡沒有方便，也沒有慈悲。」

多次得不到一山禪師的指點，夢窗自忖與禪師無緣，只好下山，再往鎌倉的萬壽寺叩參佛國禪師。佛國禪師給予他更無情的棒喝，使一心求道的夢窗更加痛苦，他傷心地對佛國禪師發誓：「弟子若不到大休歇之地，絕不復歸見禪師。」

於是，夢窗獨自在山林苦修，日以繼夜，靜默思惟。

有一天，坐在樹下，微風習習，心中凝然如鏡，不知不覺已至半夜。正要上床時，身子往牆上一靠，不料卻跌了下來，原來，那裡沒有牆，是他以為那裡有牆可靠。

跌倒的剎那，夢窗不覺失笑出聲，就此豁然大悟。

脫口便是一偈：

多年掘地覓青天，添得重重礙膺物；
一夜暗中颺碌磚，等閒擊碎虛空骨。

那裡沒有牆，但有人以為那裡有牆可靠。有些人不願修鍊自己堅實的金剛正覺，向內見到般若自性，以為依賴別人、倚靠著一些成說定法就能得悟，就能活得自在，這樣是執迷不悟，就是迷信了。夢窗國師開悟時年三十一歲。得悟的因緣，源自禪師慈悲，以無情的棒喝施方便法，要他不執著文字，也不執著法相，般若心，正在我們心內。

無得，但不否定修行的得

有一天上午，佛陀著衣持鉢入舍衛大城乞食，阿難也跟隨著。當時，有一對老夫妻，彎著佝僂的背，蹲在街道燒垃圾的地方取暖，像是兩隻掉光羽毛的老鵠鳥，流露貪婪又悲苦的神情。

佛陀告訴阿難：「這對老夫妻，如果在過去能夠勤奮工作，節儉儲蓄，就可以成為舍衛國的富有長者。如果能夠學道修行，精進不懈，也可以證得阿羅漢果或阿那含果或斯陀含果或須陀洹果，入賢聖位，得解脫樂。但是他們年少時，奢逸墮落，不勤奮求取富足，聞法不著意受持，也不修持梵行。老年後就像老鵠鳥棲止於乾涸的池畔，只能如此悲苦地度完殘生。」

無得而修，但不否定修行的得。

佛陀要我們修行時不執著，卻不是不必修行。有些人，偶爾誦經拜佛，也行種種布施，但是，稍有感情、事業、工作、健康的挫折，每每怪罪佛菩薩不曾庇佑。佛法不是交易，我們和佛菩薩的往來，是信仰清淨的增長，要和諸佛感應、接心，而不是時時掛礙；心有所求，盼有所得，哪裡還能自在？

有一個信徒，由於求悟心切，自己造了一尊佛像，每天帶在身邊虔誠供養。

有一次他到廟裡燒香，發現自己所燒的香都飄向其他的佛像。心想：我的佛像都聞不到我燒的香，我必須想個辦法。於是他心生一計，就在佛像的鼻孔上穿個孔洞，繫住香環，讓佛像能享用他燒的香。

幾天以後，原本潔白的佛像被熏黑了鼻子，他才恍然大悟，因為自己的貪得妄念，毀了佛像的莊嚴相好。

——不驚、不怖、不畏

心無所住，隨緣而住，就能免去許多業緣的鉤牽；心有所住，不識慧命，執著將令我們無法真正透徹生命真實的輕重緩急。心無所住，才能不驚、不怖、不畏，遠離顛倒夢想；心有所求時，信仰也會成為顛倒夢想。

佛告須菩提：「如是如是！若復有人，得聞是經，不驚、不怖、不畏，當知是人，甚為希有。」

何謂不驚、不怖、不畏？

僧肇大師言：

得聞大乘聞慧解，一往聞經，身無懼相，故名「不驚」。

得大乘思慧解，深信不疑，故名「不怖」。

得大乘修慧解，順教修行，終不有謗，故名「不畏」。

佛陀說，要是有人聽聞《金剛經》，「信心不逆」，福德將勝過在無限的劫世中，無限量地以身布施。「信心不逆」就能隨順《金剛經》的文字般若，心不住著一處，不生毀謗。受持讀誦，能夠自利；為人解說，能夠利他。

六祖《金剛經解義》說：「信順於理，故云不逆。行解相應謂之受，勇猛精進謂之持；心不散亂謂之讀，見性不逆謂之誦。」

再看《廣博嚴淨不退轉輪經》上說：「阿難！菩薩摩訶薩信心清淨，無有怯弱，於佛法僧，心得淳淨，守護六情，無所願求。無信眾生，於佛法僧，令生信樂；已生信樂，心不放逸，發菩提心，不著心相，信知六界與法界等。」菩薩行人，能信心不逆，自然調和柔順，心無怯弱無願求，入三寶海，得如意智寶。

凡夫信仰不夠堅實，有時候以現世好心沒有好報的例子，來質疑佛法。信一日，疑三日，這種三天打漁、五天曬網的行徑，只不過是在「迷與想悟，卻不能夠得悟」之間擺盪。

過去有一位老和尚發心要建一座廟，於是在市街上誦經念佛，經過了三個多月，竟然沒有人理他；旁邊一個賣燒餅的小孩，看了十分不忍，心想：「唉！老和尚太辛苦了，我把賣燒餅的錢給他吧！」

於是就把那天賣燒餅所得的錢，悉數捐給老和尚了。市集上的人聽說賣燒餅的小孩子捐了錢，個個心生慚愧，自忖：「賣燒餅的小孩都知道發心做功德，難道我們還比不上一個小孩子嗎？」

於是一傳十、十傳百，老和尚一下子就籌齊建廟的錢了。老和尚十分感激這個小孩，就對他說：「孩子，你今天發心做了大功德，將來你若有什麼困難，記得到寺裡來找我。」

小孩回去後，因為交不出賣燒餅的錢而被老闆解雇了，一時找不到別的工作，流浪街頭，終於淪為乞丐：不但三餐不繼，頭上還長了癩痢，眼也瞎了……忽然想起老和尚說過的話，一步步摸索，往寺院行來。

老和尚因為修持得道，已證得三明六通，知道小乞丐將到寺院來求援，就在當天晚上召集徒眾，交代大眾：「明天有本寺的大護法要來，大家開山門恭敬迎接，不可怠慢！」

第二天全寺職事灑掃以待，可是直到傍晚都不見有什麼大護法來。老和尚傳人一問，知客師父疑惑的答：「沒有什麼大護法光臨呀！」

老和尚再問：「難道今天什麼人都沒有來嗎？」

這時，才有一個小和尚囁囁嚅嚅地說：「什麼人都沒有呀！只有……只有一個小小瞎眼乞丐罷了，他要進來，我怕壞了你交代的迎賓大禮，就給他幾個餅打發他走了。」

老和尚一聲大喝：「這人就是我們的大護法。趕快把我們的大護法追回來！」

大家雖然面有難色，卻不敢違抗，只得立刻出寺追尋。幸而小瞎子腳程慢，不久就追上了，於是，小孩被迎進寺裡敬謹招待，百般呵護，在寺裡住了下來。想不到忽然有一天夜裡，小孩上廁所，一個不小心掉下茅坑淹死了。

消息一傳開，許多人替他抱不平：「你們說，好心哪有好報？這世上哪有什麼因果報應？這小孩本來賣燒餅為生，日子過得好好的，偏偏做了那個功德以後，先是被解雇當了乞丐，又瞎了眼，爛了頭，好不容易在寺裡安頓下來，卻掉到茅坑淹死了。你們說說看，好心哪裡有好報？」

話愈傳愈盛，終於傳到老和尚的耳中。有一天老和尚就召集村民大眾開示，把這件三世因果的公案作一了結。

「這個小孩子依照過去世的業報，應該要受三世苦：第一世要受窮苦報，現癩痢相；第二世要瞎而不見；第三世應受跌進廁所淹斃的報應。可是因為他一念慈悲，發心做了大功德，所以將三世的罪業提前在一世受報，省去了二世的痛苦折磨，現在已經超生到天上了！」

賣燒餅的小孩，一念慈悲而行布施，立刻消除了三世的罪業。

替小孩抱不平的凡夫，就是把佛法功德當做交易。我們用肉眼看見世間的現象有時並非真相，是假合的，是妄心以為的假相，如果我們把心住在這些妄念、妄相上面，對佛法反反覆覆，忽信忽疑，就沒有辦法證得清淨菩提，所以在《金剛經》裡，要我們「信心不逆」，不驚、不怖、不畏，才能身心自在，心無所住。

「須菩提！若善男子、善女人，於後末世，有受持讀誦此經，所得功德，我若具說者，或有人聞，心即狂亂，狐疑不信。須菩提！當知是經義不可思議，果報亦不可思議。」

佛陀說，《金剛經》的義理甚深，卻是不可思議、無法言語著相，應無所住，所以持受《金剛經》所得的果報也就不可思議，功德無邊，不可稱量。如同僧肇大師所言：「此法門所有功德，過心境界故，不可以心思也；過言境界故，不可以口議也。」不可稱，不可以秤秤也；不可量，不可以器物量之也。若人於此經，了悟人法二空，深明實相，功德廣大，即同佛心，無有邊際，不可稱量也。

——堅實心如金剛

未出家前的鴦掘摩羅，因誤信殺人取指，能夠升天得解脫，所以傷人無數。他殺人後，將其指頭串連成項鍊，佩戴在身上。人們對於他的凶殘，既畏懼又痛恨，給他取一個外號，名為「指鬘外道」。

鴦掘摩羅後來受到佛陀的教化，成為一位修善的比丘。但是，當他和其他比丘入城乞食，民眾仍忘不了他做過的惡行，因此向他擲土投石，瞋罵羞辱。每天，鴦掘摩羅總是衣形汙穢破碎，臉上殘留著斑斑血跡。

有一天，佛陀把他喚來，慈悲地安慰他：「鴦掘摩羅！你必須安忍不動，要歡喜信受。你先前造下的惡業，依著如今勤修的善法，就像原本鹹苦的水注入清水，日後必成甘美解渴之水；又如突破雲層覆蓋的月光，將照亮你的心，使你走向正道。以前種下的罪業，要以潔淨的善業償還，待烏雲散盡，將看到光芒四射的月光，照亮自己，也照亮別人。」

殺人的鴦掘摩羅，因信解經教，心如大地，不動不搖，於是從殺人的指鬘外道，修成證果的大阿羅漢。

「復次，須菩提！若善男子、善女人，受持讀誦此經，若為人輕賤，是人先世罪業應墮惡道，以今世人輕賤故，先世罪業則為消滅，當得阿耨多羅三藐三菩提。」

佛陀對須菩提說，一心修持讀誦此經，若是不得人天的恭敬，反而受人譏罵或是輕賤，那是因為此人先世所造的罪業很重，本應墮入三惡道中去受苦，但是，這人若是能在受人不斷地輕賤當中，依然忍辱修持，由於信心清淨，就可使宿業漸漸消滅，將來證得無上正等正覺。

業：梵語karman，造作之義。是指行為、所作、意志等身心的活動。一般分為三種，即是身口意三業。業的性質，有善、惡、無記（非善非惡）三種。所造者為五逆十惡之罪業，將來必受地獄、餓鬼、畜生三惡道之業報；若造五戒十善之善業，將來可得人天等善道之福報。

所謂業障，或是宿業，或是現業，皆可障蔽真如自性，在六道輪迴之中生滅不已，沒有休止。若能受持讀誦《金剛經》，悟般若妙智，知一切皆是幻相，皆是虛妄，則不再隨境轉業，而能令境隨人轉了。深入般若，虛妄淨盡，所以說，能淨除業障。

法遠圓鑑禪師在未證悟前，與天衣義懷禪師聽說葉縣地方歸省禪師的高風，於是同往叩參。適逢冬寒，大雪紛飛。同參共有八人來到歸省禪師處，歸省禪師一見即呵罵驅逐，眾人不願離開，歸省禪師就以水潑向他們，把他們的衣褥都打濕了。其他六人不能忍受，皆忿怒離去，唯有法遠與義懷整衣敷具，長跪祈請不退。

不久，歸省禪師又喝斥：「你們還不走，難道要等我棒打你們？」

法遠禪師誠懇回答：「我二人千里來此參學，哪裡是一杓水就可以打發我們？就是用棍棒責打，我們也不願離開。」

歸省禪師便說：「既是真來參禪，那就去掛單吧！」

法遠禪師掛單後，曾任典座（煮飯）之職，有一次沒有經過請示，就取油、麵做五味粥供養大眾。當這件事被歸省禪師知道後，就非常生氣地訓斥：「盜用常住之物，私供大眾，除依清規責打外，並應該依原價償還！」說後，打了法遠禪師三十香板，將他的衣物、缽具估價後，等到全數償還完畢，就把法遠趕出寺院。

法遠禪師雖被驅逐山門，但仍不肯離去，每日於寺院房廊下立臥。歸省禪師知道後，又喝斥：「這是院門房廊，是常住公有之所，你為何在此行臥？請將房租錢算給常住！」說後，就叫人追算房錢。法遠禪師毫無難色，就持缽到市街為人誦經，以化緣所得償還。

不久以後，歸省禪師對眾教示：「法遠是真正參禪的法器！」讓侍者請法遠禪師進堂，當眾付給法衣，號圓鑑禪師。

∴三業供養

能夠轉煩惱為菩提的六度波羅蜜，其中忍辱（羼提波羅蜜）包括生忍、法忍和無生法忍，我們修行學道的時候，不免受到各種試探、磨鍊，但是，「至艱至苦的磨鍊，是為了至深至久的幸福」。且舉一例說明求法的具體表現：密勒日巴「將身口意三業供養師父」。

密勒日巴（一〇三八～一一二二）的家鄉，在後藏的貢塘（今西藏吉隆縣以北，靠近阿里的地方），父母在世時，全家靠著祖父遺留的田產，生活十分富裕。

密勒日巴七歲時，父親往生，在遺囑中聲明，所有遺產待密勒日巴成年後繼承，並請伯父姑母代為照顧他們的生活。然而，伯父和姑母不但霸占他們的產業，還令他們在酷暑中不停地工作。久而久之，村人也瞧不起他們。密勒日巴的母親忍辱含悲，直到密勒日巴成年，沒想到，伯父姑母索性將他們母子趕出家門。密勒日巴的母親充滿怨怒，他教誡密勒日巴要報復那些可惡的仇人。

密勒日巴在衛藏，很快學會了祕密誅法，咒殺伯父的兒子、媳婦、親友等共三十五人。為了怕村裡的人復仇，母親捎信要密勒日巴降雹毀壞禾苗以嚇阻他們，於是他再度降雹，打毀全村莊稼。但是本性善良的密勒日巴，充滿罪惡感，他決志奉獻全部的生命，跟隨馬爾巴上師修習正法，以尋求解脫。

馬爾巴上師給予密勒日巴百般試煉。先是對密勒日巴說：「去建造一間裝經書的石屋，建好以後再傳法給你。」房子建了一半，上師說：「我事前沒有考慮清楚，這個地方不好，應該到西方的山頭去建。」密勒日巴只得把石頭木料一一拆下，背到西山上去蓋房子。蓋到一半，馬爾巴又說：「錯了！應該蓋在北方的山頂上，而且是三角形的。」待密勒日巴重建了三分之一，上師又說：「這房像修誅法的壇城，拆了吧！」

三番兩次地拆建，密勒日巴的背早已磨破受傷，痛苦不堪。但是上師要求他改蓋一座四方形的九層房子。密勒日巴日以繼夜趕工，上師的三個大弟子都來幫忙搬石頭。上師知道了，要密勒日巴把別人搬來的石頭拆下，他說這棟房子的每一塊石頭、木料，都必須由密勒日巴親自完成。

房子建好之後，馬爾巴怒氣沖沖地把密勒日巴趕出去，說：「你的供養呢？你以為建了一座房子，就了不得了嗎？」密勒日巴為了供養上師，四處托缽，換來一個四方大銅燈，拿來供養上師，希望上師盡快傳授大法和口訣。馬爾巴上師卻命令密勒日巴下冰雹到蜀大和令巴兩個地方，之後，待他再度向上師求法時，馬爾巴竟然說：「你若是能把蜀大和令巴的莊稼恢復，我就傳法給你！」

密勒日巴感到十分羞愧，傷心欲絕的密勒日巴因為不能求得大法而痛苦萬分。師母含淚安慰他，偷出馬爾巴的紅寶石印信，連同那諾巴大師的身莊嚴（上師身上所用的飾物）交給密勒日巴，並偽造一封信，讓他往見馬爾巴大徒弟俄巴喇嘛。俄巴見了上師的印信，立刻傳授喜金剛的大灌頂和祕密口訣。可是，沒有馬爾巴的印可傳承，無論如何精進修習，總是不能獲得相應。

不久，馬爾巴令俄巴和密勒日巴去見他。他大發雷霆，怪罪師母和俄巴。馬爾巴悲憫地說：「我為了消除密勒日巴的罪業，以百般試煉令他苦行。他的業障在過去的八次大苦行中，已大部分消除。現在我要為他加持，傳授灌頂口訣，讓他好好修行！」在場的人都感動落淚，同時也為密勒日巴歡喜。

密勒日巴示現「佛由人成」，只要有決心、出離心、耐煩心，並與菩提心相應，人人皆能成佛。密勒日巴尊者對上師真誠信服，刻苦精進修行，終於能消除深重罪業，完成菩提道業。就像《金剛經》開始不久，須菩提「即從座起」、「偏袒右肩」、「右膝著地」、「合掌恭敬」——如此身口意三業清淨的供養佛陀，恭請佛陀宣說大法！《金剛經》本從日常生活開始，在我們日常生活中，最好的修行就是每天行三業供養：

一、**身供養：做好事**。

二、**口供養：說好話**。

三、**意供養：存好心**。

——處處是菩提道場

凡夫若能斷除妄念執著，相信自己本具佛性，相信自身光明，相信自己潛能無限，心，就會堅實如金剛。

《楞伽經》說：「譬如菴摩羅果，漸次成熟。」

學佛不要操之過急。菴摩羅果不是一時、一下就開花結果，而是漸次成熟的。大地的花草樹木，是漸次成長，沒有辦法揠苗助長；人的學習和成長，即使是技藝的學習，如唱歌、跳舞、寫字、畫畫，都是漸次而成。

「不開悟不住山，不破參不閉關」，也就是說，覺悟了以後，再到山裡修證；破參了以後，再閉關印證。有的人一接觸佛法，就急著要「閉關」，要「住山」修行。但是，在「理」上頓悟以後，還要在「事」上精修。沒有人能立刻長大、成熟。「頓」也好，「漸」也好，都需要時間累積，一旦功行圓成，自然水到渠成。修行不是裝腔作勢，裝模作樣，應該要出於自然，才是真如實相。

有一天，趙王特地去拜訪趙州從諗禪師。這時，禪師正在床上休息，於是就躺在床上對趙王說：「大王，我已老了，雖然知道你專程來看我，實在無力下床接待，請不要見怪。」

趙王一點都不介意，非常歡喜，相談甚歡。回去以後就派一位將軍，準備很多禮品送給禪師。禪師這回卻立刻下床到門外相迎。事後，弟子們實在弄不明白，就問禪師：「前天趙王來時，您不下床；他的部下來了，您為何反而下床相迎呢？」

禪師說：「你們有所不知，我接待客人的原則是這樣的：上等的客人，我臥床用本來的面目接待；中等的客人，我到客堂以禮相待；第三等的客人，我以世俗的應酬到前門恭迎。」

有一天，蘇東坡準備去金山寺拜訪佛印禪師，就因為這一段公案，事先寫信給佛印禪師，要他如趙州禪師迎接趙王一樣，省略迎接的繁文縟節。

後來，蘇東坡見到佛印禪師站在金山寺的山門外迎接，不禁得意地說：「你怎麼也不免世間的俗套，看來你的道行，比不上趙州禪師的灑脫放曠，大老遠地等在這兒迎接我。」

蘇東坡以為禪師這回必定啞口無言，豈料禪師揮著蒲扇，悠悠地作答：

趙州當日少謙光，不出山門迎趙王；
怎似金山無量相，大千世界一禪床。

蘇東坡看的是迎接的「法相」，佛印禪師不著法相，以大千為一禪床，何曾有起臥之相？「應無所住而生其心」，過與不及不都是執著。太過執取世間的五欲六塵，固然欲壑難填，有的人習佛，太過強求出世的生活，顯得枯寂無趣。定慧雙修，則能調和入世和出世。人間的佛教就是用出世的精神，作入世的事業。

東晉陶淵明有詩云：「結廬在人境，而無車馬喧。」六祖惠能深解《金剛經》，要我們過「有無不二」的生活——即沒有分別、無念法門的生活。人間處處皆是菩提道場。生活在世間，一樣能夠以佛教出世的思想，將無邊深廣的慈悲運用在救度、布施眾生的事業上。

——佛在人間，人成即佛成

若以色見我，以音聲求我，
是人行邪道，不能見如來。

「如來」是佛的德號之一。如來真性，如如不動，充滿法界，隨感而發，來固非來，有時隱藏，去亦非去，因無去來，故名如來。

來去，即有彼此的對待分別，已證得法身的如來，何處不是清淨法身的顯露？《金剛經》說：「如來者，即諸法如義。」所謂「如來」即親證「真如理體」者，而此理體如如不動，彌蓋恆河沙界，周遍三千大千世界，是「無所從來，亦無所去」。

《大乘起信論》說：「真如自體相者，一切凡夫、聲聞、緣覺、菩薩、諸佛，無有增減，非前際生，非後際滅，畢竟常恆，從本已來，性自滿足一切功德。所謂自體有大智慧光明義故，遍照法界義故，真實識知義故，自性清淨心義故，常樂我淨義故，清涼不變自在義故，具足如是過於恆沙不離不斷不異不思議佛法；乃至滿足無有所少義故，名為如來藏，亦名如來法身。」

「如來」也是隨順世諦法，為了方便度化眾生而說。若有人認為佛既無四相，怎麼又言自己已成道果、為法王尊、於一切法自在無礙？「如來」就是法身真我。佛陀的來、去、坐、臥是隨順世間相，佛陀證果，但不住佛果之相。

有個庵主念佛已經二十年，一直盼望能親眼看見阿彌陀佛，驗證自己的修行。

終於，有一天晚上，夢見一位極樂世界的菩薩告訴他：「你對阿彌陀佛的虔誠已勝過一般人，因此，阿彌陀佛託我轉告你，明天會親自拜訪你。」

醒來後，庵主更歡喜虔誠地念佛。他端坐在佛殿前，口中佛號不斷，恭候阿彌陀佛聖駕的來臨。但是，等了一天，太陽都下山了，阿彌陀佛始終沒有出現。他開始懷疑，難道阿彌陀佛也會不守信用嗎？

晚上，菩薩又在夢中出現。正準備抱怨阿彌陀佛不講信用時，菩薩先開口說道：「你是怎麼了？阿彌陀佛今天見了你三次，你都不肯見他！」

庵主答：「沒有阿彌陀佛駕到的通報啊！」

菩薩說：「你真是有眼如盲！阿彌陀佛第一次在早上出現，扮成乞丐，才走到門口，你就叫侍者趕走他。到了中午，阿彌陀佛又來了，扮成一名女人，來到大殿，你連正眼都不瞧他一眼，他跟侍者通報說要見你，侍者說你從不接見女人！到了傍晚，阿彌陀佛化身為一條流浪狗，結果，一走近門口，就被知客僧用棒子嚇走了！」

庵主說：「我真不知道那就是阿彌陀佛。」

「須菩提！於意云何？佛可以具足色身見不？」

「不也，世尊！如來不應以具足色身見，何以故？如來說具足色身，即非具足色身，是名具足色身。」

「須菩提！於意云何？如來可以具足諸相見不？」

「不也，世尊！如來不應以具足諸相見，何以故？如來說諸相具足，即非具足，是名諸相具足。」

這是佛陀對住相的凡夫說，不可以從色與聲去執著求見佛陀，所謂佛有三十二相，色相、音聲都是因緣和合的假象，是為了度化眾生才顯現的，緣聚而現，緣滅則散，不過是一時的假名，哪裡是法身常住、無所從來亦無所去的如來？

「須菩提！汝勿謂如來作是念，我當有所說法。莫作是念，何以故？若人言如來有所說法，即為謗佛，不能解我所說故。須菩提！說法者，無法可說，是名說法。」

佛陀隨緣說法不著法相，如來示現「說法者」說法，無非是應機施設，都是向無色相處現色相，在無言說中示現言說。所以稱「說法者」，也只是如來隨順世間法而示說，因此對須菩提說，如果有人說如來「有所說法」的念頭，那是毀謗佛陀。因為一切言說，是開啟眾生本具的真如自性，為了斷除眾生妄念，隨機化度，隨緣而說，何來有法？佛陀在《金剛經》也說「知我說法，如筏喻者，法尚應捨，何況非法」，就是要空去法非法相，要人連「佛陀有說法」的念頭，都不可生起住著。

有個法師來見大珠和尚，說：「我想問個問題，你能回答嗎？」

大珠說：「深潭月影，任意琢磨。」

法師問：「什麼是佛？」

大珠答：「清潭對面，不是佛是誰？」眾人聽了都茫然不解。

法師又問：「請問大師講什麼法來度人？」

大珠說：「我沒有一法可度人。」

法師說：「禪師們全是談空說妙。」

大珠反問法師：「那麼大德是說什麼法度人呢？」

法師說：「我講《金剛經》。」

大珠問：「這經是誰說的？」

法師生氣說道：「你存心戲弄我，誰不知道這是佛說的？」

大珠說：「如果說如來有所說法，這就是誹謗了佛，是不了解佛的心意。如果說這經不是佛說的，那又是誹謗了經，請大德解釋解釋。」法師茫然無措。

大珠和尚無一法可以度人，是深解佛的心意，諸佛經教不過是指拭遮蔽凡心的塵埃妄念，讓眾生看到般若自性。佛陀一再護念囑咐，發阿耨多羅三藐三菩提心的行者，要空去眾生相、佛身相、說法相等，就是要我們做「不受惑」的自在人，返歸本心。

無盡意菩薩曾向佛請問：「佛陀！觀世音菩薩如何教化眾生？如何為眾生說法？觀世音菩薩是如何運用教化眾生的方便因緣、方便力量呢？」

釋迦牟尼佛回答說：「善男子！假使在這三千大千世界的國土中，在這個時候，有這樣一個凡夫，應該以佛身來度他，才可以成佛，觀世音菩薩就示現佛身，來為這個眾生說法……」

佛陀講到這裡，有人問：「觀世音菩薩是菩薩，沒有成佛，怎可以現佛身而為眾生說法呢？這豈不是冒充佛嗎？」

大概許多人也會有這樣的疑問吧？

不是的，觀世音菩薩不是冒充佛。觀世音菩薩在過去無量劫以前，早已經成佛，名為「正法明如來」。成佛之後，因為不忘眾生，所以回到眾生所苦的娑婆世界，隱藏自己的佛身而現出菩薩身相，為的是以慈悲救護眾生。羅漢是回小向大，觀世音菩薩則是回大向小。觀世音菩薩由佛身倒駕慈航，這麼做是為了接引一切苦惱眾生，度化眾生成就六波羅蜜，到涅槃寂靜的境地。

所以，觀世音菩薩雖然倒駕慈航，回大向小，隱藏佛身，外現菩薩身，其實內具諸佛的行願、諸佛的行為。這是觀世音菩薩之所以能化現佛身為眾生說法的緣故，並非是冒充佛來欺騙眾生。再者，化現佛身，也不過是「在這個時候」因為「有這樣一個凡夫，應該以佛身來度他，才可以成佛」，所以，一時觀世音菩薩才化現佛身，以方便化導。

觀世音菩薩因為成佛了，真正具足千百億的化身，以「千百億化身」來弘揚佛法，救度眾生。不論是什麼樣的有情眾生，只要他們的機緣成熟，都為他們講解佛法，令他們轉迷成悟。正所謂「法無定法」，這個「法」是無定的，佛的「身相」也是無定的，不要去執著。

成道覺悟不在背誦千偈、遍覽佛典，應該是在日常生活中，念念用心，對於生活的細節，不可輕視，因為：燒茶煮水、搬柴挑石，都蘊含著悟道的因緣時機。這也正是佛陀在《金剛經》一開始，就以一個出家人平淡的日常生活示現，說明了真正的修行，不是表演作秀，也不該有什麼炫耀，或者玄奇，或者較勁的念頭。佛陀看似平淡的穿衣吃飯、行住坐臥，可以如此從容自在而威儀具足，令道心怯弱的凡夫，生起「有為者亦若是」的勇猛信心。

我這一生拜佛學佛，但不希望成佛作祖；我布施行善，但不求上天堂；我念佛行持，但我不求往生蓮邦，我志不在了生脫死，只想多培養一些佛道資糧。我願生生世世在人間，做一個平凡的和尚。

《雜阿含經》中，佛陀要阿難尊者回答，如果有外道出家，問佛陀為什麼要教人修諸梵行，該怎麼解說。

一時佛陀在舍衛國的祇樹給孤獨園說法。

佛陀問阿難：「如果有諸外道出家來問你說：阿難！佛陀為什麼教人修諸梵行？你要如何回答？」

阿難說：「佛陀！我將依您所教，告訴他們，是為了於色修厭，不起恩愛之心，就能離開欲望的擺布，進而滅盡煩惱，直至解脫，並悟到心空寂然，不生不滅的平等法性。從離色相後，於受、想、行、識，亦復如是修行。一個不再受五蘊束縛的人，即能和佛心平等相應。佛陀！如果有外道出家來問我這問題，我將會如此回答。」

佛陀說：「阿難！善哉！善哉！應該如此回答。為什麼呢？我確實是為了於色修厭、離欲、滅盡、解脫、不生的緣故，教人修諸梵行。」

佛陀又於《佛般泥洹經》中，告訴阿難：「你為佛陀在雙樹間敷座，使頭部朝向北方，面部朝向西方，這是什麼緣故？我的教法流布，將來當久住北方。」

阿難回答：「是的！」立即敷座。

此刻，雙樹間凡是篤信佛教的鬼神，都將這個時節不應開而開的花撒落在地上。佛陀告訴阿難：「這雙樹神用這時節，不應開而開的花供養我，然而這不是供養佛陀的方式。」

阿難問：「那麼，該如何供養佛陀？」

佛陀說：「若能受法、行法，以覺悟為花供養，這才是真正的供養佛陀。」

當時，阿難向佛陀說：「佛陀在世時，四方沙門，長老比丘、深解經律的行者，都會來覲見佛陀，弟子們藉此機會，能向他們禮敬並學習。可是佛陀涅槃後，他們將不再前來，我們將失去諸善知識所教啊！」

佛陀說：「你們不要憂愁！只要心中常有四念，一是念佛陀出生的地方，二是念佛陀成道的地方，三是念佛陀轉法輪的地方，四是念佛陀涅槃的地方。阿難！我涅槃後，凡是奉持佛陀所教的善男子善女人，應念佛生時，累劫修持的善法功德；佛陀成道時，降伏魔軍的神力功德；轉法輪時，廣度有情的慈悲功德；臨涅槃時，寂靜安然的不動功德。如果有人能信受此四念處，奉行此四功德，就能日夜與諸佛善知識不離。

「阿難！你認為佛陀涅槃後，就沒有蔭護，而失去依靠嗎？不要如此想！我自從成佛以來，所說的一切經戒，都是你的蔭護，都是你的依靠。佛陀的遺教，將是後末世眾生得度的法船，怯弱身心的庇護和依靠。能以佛陀遺教所行的人，如佛陀在世。」

有情眾生為什麼憂苦？為什麼不開悟？

因為有煩惱、有執著，人一旦有所執著，就得不到解脫，煩惱就沒有窮盡。執著又是從什麼地方來的？執著從自私自利、無明的心生出。我們不要執著於自己想要得到的，自己認識的那麼有限，執著就讓這個有限的認識更拘泥了；人只要能斷除「為我自私」、不要局限在「為我執著」的妄心，就能夠斷除煩惱。沒有煩惱，就能開悟，能夠得到解脫，在人間成就、涅槃。

噴射機能夠用音速來飛行，靠的是渦輪噴氣發動機，它的原理是把空氣吸進壓縮機，空氣經過高壓後進入燃燒室與油料混合燃燒，緊接著流過渦輪，推動渦輪高速轉動，最後高溫高速燃氣經過噴管噴出，以反作用力提供強勁的動力。

人生何嘗不是如此？要禁得起壓力，將高壓與烈焰化作前進的動力，將困難和考驗當做成功的關卡，轉念成正面積極，所謂「火焰化紅蓮」、「煩惱即菩提」，人生本可勇猛精進。

人生要得解脫、得成就，只是向外索求是得不到的，而是要去認識萬法皆空的真實義：空含攝了有和無，空就是因緣，真空才能生出妙有。大家要去直探自己的內心，找到自己如金剛般堅固、能斷一切而不被雜染煩憂所斷的般若心。修習佛法讓我覺得自己很快樂、很富有、很幸福，什麼都不缺，什麼都是自然而然，因緣和合，水到渠成。

人身難得，佛法難聞，我們既已得到了人身，又得聞佛法，因緣實在殊勝。

人間佛教，是「大乘菩薩道」的佛教，是要讓人幸福歡喜，是無得而修的佛教，所以要「廣大成就，普施度眾」；當我們發「大乘心」，正是發「菩提心」、「大悲心」、「方便心」，就能以我們本來自性清淨的般若心，和佛陀心心印心！

《六祖壇經》說：「慈悲即是觀音，喜捨名為勢至，能淨即釋迦。」

又說：「若識得自性般若，即是見性成佛。」

可見得清淨心，是多麼重要。

我出家七十多年來，沒有跟佛陀對談過，也沒有菩薩替我摩頂授記，一直尋尋覓覓，佛陀在哪裡？最近幾十年中，我曾七次前往印度，只為找尋佛陀的聖蹟。我在佛陀的出生地藍毗尼園徘徊、瞭望；我在佛陀修道的地方，尼連禪河、苦行林，希望能見到佛陀的蛛絲馬跡；我在菩提樹下、金剛座上，頂禮膜拜，希望能見到佛陀的現身；我在佛陀轉法輪的說法台上旋繞；尤其在佛陀涅槃的聖地拘尸那城，頂禮膜拜，不忍離開，好像已經與佛陀接近。

後來我感覺到，吃飯時，佛陀和我共餐；走路時，佛陀在引導我；寢寤間，所謂「朝朝共佛起，夜夜抱佛眠」。我感覺佛陀就在我心裡，有光明、有空氣、有生命的地方就有佛陀。原來，佛陀是法界、虛空，「若人欲識佛境界，當淨其意如虛空」，你把你的心胸放大如虛空，你就知道佛陀是什麼樣了。所以我們做佛教徒，主要是證悟我們的永恆慧命，把生命流入宇宙大化之中，與佛陀同在、與虛空同體。

佛在人間，我們也在人間，成就的祕訣何在？在於「般若的心」——自在而且無可限量的潛能。一心住佛，一心行佛，知行能夠合一，就如鳥之雙翼、車之二輪；不論在家或出家，在世或出世，《金剛經》都是我們能夠信受奉行、實用活用的經典。

李白有詩：「今人不見古時月，今月曾經照古人。」道無古今，悟在當下！

佛陀普施方便法，對須菩提等一千二百五十人說金剛般若的妙用，也是不住時空地在對我們說法。

所謂「豎窮三際，橫遍十方」，豎窮三際，就是通徹過去、現在、未來，是超越時間的；橫遍十方，是超越空間的，正是解釋我們的真如本性，就是阿彌陀佛，無量壽，無量光。應用在生活裡，就是人間佛教：做人處事要超越時間，不能只是一時，昨天、今天、明天都在此刻，都要照顧好；長輩、平輩、晚輩，各種關係的因緣，都要照顧好；於企業的管理，若是不能橫遍十方，得罪了長官、關係企業、部下，就窒礙難行了。佛法乍看初覺很深奧，但用在生活裡，處處皆妙。

願大家都能悟得、過得、證得「無所住的自在人生」，一起在人間成就。

「無我」就是「般若」。

親眼所見未嘗是真的，親耳所聽也未嘗是真的，所以我們要無眼耳鼻舌身意，除去這個分別，去體會那個真實的事情、真實的心，才是般若。

附錄——關於《金剛經》的「四句偈」

古印度文體多以四句讚頌，無論幾言，只要是偈，便以四句為偈。四句偈，是一種韻文體的詩歌。

《金剛經》中說受持此經，乃至四句偈，為他人說，這樣的福德勝過以滿三千大千世界的七寶布施。由此可知，「四句偈」在《金剛經》中的重要。

茲將本經重要的四句偈介紹如次：

一切有為法，如夢幻泡影，如露亦如電，應作如是觀。

佛陀四十九年所說之法，精髓就在這四句。因為世間一切法相都是暫時性的因緣假合。對於所有的現象，對於一時的人我應對，或現下的毀譽成敗，若有住於心，便容易生煩惱，有種種分別比較。過去的不愉快，埋下了成心定見；現下的因緣順利，又成了將來未必事事順心的憂慮怨嘆，怎樣能讓心清淨？

佛陀說「應無所住而生其心」，所以才又說：「過去心不可得，現在心不可得，未來心不可得。」

《六祖壇經》中說：「念念之中不思前境。若前念今念後念，念念相續不斷，名為繫縛。於諸法上，念念不住，即無縛也。」我們在當下要盡力，但過去了即過去了，心不管住在怎樣的念頭上，煩惱纏縛，念念相續。無所住於心，才能真正清淨自在。

無我相、人相、眾生相、壽者相。

四相——「我相、人相、眾生相、壽者相」，皆從有「我相」而起。執著自我的種種欲求，分別自我與他人，就會產生分別出人我對立的「人相、眾生相、壽者相」等相。「我相」是由五蘊和合，自己無法主宰它；是緣生幻有，不能常住；若放下對我的執著，則後三相，隨之解開。「無我」就是「般若」。因此，要能從假我中借假修真，無我、無對待、無是非、無苦惱、無障礙，才能顯現真如般若實相的我。

如來所說法，皆不可取，不可說，非法非非法。

所謂「法」，就是「軌生物解」，是指能軌範人倫，令人產生對一定事物理解的根據。它可以代表一切的名詞，甚至於心裡想的觀念、思想，有形、無形的，都可藉由它表達。例如：花、房子、桌子等，只要說出來，大家就能懂得是什麼意思。又說「法無定法」，所以說法是不可取，不可說，非法非非法。

「法」又稱法相、非法相，有一首偈語說：「法相非法相，開拳復成掌，浮雲散碧空，萬里天一樣。」若說拳頭是法，這個法可以法無定法，因為拳頭一張開又成了一個手掌。一切法是好是壞，是善是惡，也無一定標準，譬如拳頭，給你一拳，你會說我打人，拳頭是壞東西；假如拳頭替你捶背，你會說好舒服，再用力一點好嗎？這又變成為是一個好東西。所以真正般若的法，它不在差別上計較，所謂不思善不思惡，是超越善惡的一個真理。

若以色見我，以音聲求我，是人行邪道，不能見如來。

這首「四句偈」主要的意思是說，清淨法身，非屬相貌，吾人應追求真理的法身佛，而不是從色與聲去執著見佛。

韓國的敬滿法師是一位有道的高僧。有一天晚上，從外面帶回一個長髮披肩的女人，一到房間裡，幾天都不出來，徒弟們心裡很納悶。幾天以後，終於忍不住衝到房內去，看到師父坐在床邊，替那個女人按摩，徒弟很生氣地說：

「師父，你這樣的行為怎麼能做我們的模範呢？」

「我為什麼不能做你們的模範呢？」師父說。

徒弟指著床上的女人：「你看！你看！你看！」

師父也說：「你也來看，你也來看，你也來看嘛！」這個徒弟真的向前一看，那一個女人鼻子沒有了，耳朵也沒有了，眼睛也陷下去，是一個痲瘋病人，師父正在為他做特殊的治療，因為這個病會傳染，所以沒有告訴其他人。這時徒弟慚愧地跪下來說：「師父！只有你能，我們不能啊！」

親眼所見未嘗是真的，親耳所聽也未嘗是真的，所以我們要無眼耳鼻舌身意，除去這個分別，去體會那個真實的事情、真實的心，才是般若。若以色見我，以音聲求我，那不是佛。要怎樣才能見如來呢？見到緣起就是見到法，就是見到佛；見到般若，就見到如來；見到無緣大慈、同體大悲，你就能見到如來；有平等心，就能見到如來。

佛典中譯：鳩摩羅什

白話譯釋：星雲

附錄——《金剛經》原典與白話譯釋

——法會因由分第一

如是我聞：一時，佛在舍衛國祇樹給孤獨園，與大比丘眾千二百五十人俱。爾時，世尊食時，著衣持鉢，入舍衛大城乞食。於其城中，次第乞已，還至本處。飯食訖，收衣鉢，洗足已，敷座而坐。

阿難尊者說他從佛陀那裡如此聽聞：

那時候，佛陀住在舍衛國的祇樹給孤獨園中，有一千二百五十位大比丘眾隨侍左右。到了吃飯的時候，佛陀穿上袈裟，拿著飯缽，帶領弟子們走進舍衛城，挨家挨戶地托缽乞食。之後，回到給孤獨園中。吃過飯後，佛陀將衣、缽收拾好，洗淨了腳，鋪好座位，盤腿靜坐。

——善現啟請分第二

時長老須菩提，在大眾中，即從座起，偏袒右肩，右膝著地，合掌恭敬，而白佛言：「希有世尊！如來善護念諸菩薩，善付囑諸菩薩。世尊！善男子、善女人發阿耨多羅三藐三菩提心，云何應住？云何降伏其心？」佛言：「善哉！善哉！須菩提！如汝所說，如來善護念諸菩薩，善付囑諸菩薩。汝今諦聽，當為汝說。善男子、善女人發阿耨多羅三藐三菩提心，應如是住，如是降伏其心。」「唯然，世尊！願樂欲聞。」

這時，長老須菩提在大眾中站起來，袒露右肩，以右膝跪地，雙手合掌，虔誠恭敬地向佛陀問道：「世間稀有的佛陀！佛陀善於愛護顧念諸菩薩，善於教導囑咐諸菩薩。佛陀！如果有善男子、善女人已發起無上正等正覺的菩提心，如何才能安然住在菩提心裡？如何才能降伏妄心？」

佛陀說：「說得不錯！須菩提！正如你所說，佛陀善於愛護顧念諸菩薩，善於教導囑咐諸菩薩。現在，你們用心靜聽，我為你們解說。善男子、善女人發了無上正等正覺的菩提心，應該如我接下來所說，如此安住菩提心，如此降伏妄心。」

「是的，佛陀！我們樂意聽聞。」

大乘正宗分第三

佛告須菩提：「諸菩薩摩訶薩，應如是降伏其心；所有一切眾生之類，若卵生、若胎生、若濕生、若化生；若有色、若無色；若有想、若無想、若非有想非無想，我皆令入無餘涅槃而滅度之。如是滅度無量無數無邊眾生，實無眾生得滅度者。何以故？須菩提！若菩薩有我相、人相、眾生相、壽者相，即非菩薩。」

佛陀告訴須菩提：「諸位大菩薩，應當如此降伏妄心；對於一切眾生，不同生命形態的卵生、胎生、濕生、化生；有色身、無色身；有心思想念的、無心思想念的、不是有想、不是無想的眾生，都要使他們進入涅槃的境界，了斷一切苦報、煩惱，度過生死苦海，到達不生不死之地。如此滅度無量無數無邊的眾生，其實並沒有一個眾生為我所度。

「這是什麼緣故？須菩提！若菩薩妄執有我、人、眾生、壽者四相的分別，就不能稱為菩薩。」

妙行無住分第四

「復次，須菩提！菩薩於法，應無所住行於布施。所謂不住色布施，不住聲香味觸法布施。須菩提！菩薩應如是布施，不住於相。何以故？若菩薩不住相布施，其福德不可思量。須菩提！於意云何？東方虛空可思量不？」「不也，世尊！」「須菩提！南西北方四維上下虛空可思量不？」「不也，世尊！」「須菩提！菩薩無住相布施，福德亦復如是不可思量。須菩提！菩薩但應如所教住。」

「再者，須菩提！菩薩了知一切諸法其性本空，為因緣聚滅會合，所以世間所有的萬事萬物，都應無所執著，以此無住法中，修行布施，利益眾生；也就是六根清淨，不住色聲香味觸法等六塵，而去行布施。

「須菩提！菩薩應該如是修行無相布施。這是什麼緣故？若菩薩修行無相布施，沒有布施的我，受布施的人，所布施的物，當然布施後更不存有求報的念頭，這種三輪體空，無相而施的福德是不可思量的。

「須菩提！你認為東方的虛空可以思量嗎？」

「不可思量，佛陀！」

「須菩提！那麼南西北方，四維上下的虛空，可以思量得到嗎？」

「不能，佛陀！」

「須菩提！菩薩因體悟三輪體空，不執著事相而行布施，其所得的福德，也和東西南北四方虛空一樣，不可思量。須菩提！菩薩只要依著我的教法如是修行，才能真正安住於清淨的菩提本心。」

——如理實見分第五

「須菩提！於意云何？可以身相見如來不？」「不也，世尊！不可以身相得見如來。何以故？如來所說身相，即非身相。」佛告須菩提：「凡所有相，皆是虛妄。若見諸相非相，即見如來。」

「須菩提！你認為可以從身相見到佛陀嗎？」

「不可以的，佛陀！不可以從身相見到佛陀。為什麼？因為佛陀所說的身相，是色身，色身是地水火風四大因緣假合，是因緣生滅，虛妄不實的，並不是真實永存之身。佛陀的真實法身，等如虛空，無所不在。但是法身無相，凡夫的肉眼無法親見，只有明了五蘊假合的幻相，才能親見佛陀不生不滅的法身。」

佛陀告訴須菩提說：「不僅佛身如此，凡是世間所有諸相，都是生滅變遷的相，虛妄不實。若能悟見世間虛妄的本質，就能見到佛陀的法身了。」

——正信希有分第六

須菩提白佛言：「世尊！頗有眾生，得聞如是言說章句，生實信不？」

佛告須菩提：「莫作是說。如來滅後後五百歲，有持戒修福者，於此章句能生信心，以此為實。當知是人，不於一佛二佛三四五佛而種善根，已於無量千萬佛所種諸善根，聞是章句，乃至一念生淨信者，須菩提！如來悉知悉見，是諸眾生，得如是無量福德。何以故？是諸眾生無復我相、人相、眾生相、壽者相。無法相，亦無非法相。何以故？

是諸眾生若心取相，即為著我、人、眾生、壽者；若取法相，即著我、人、眾生、壽者。何以故？若取非法相，即著我、人、眾生、壽者；是故不應取法，不應取非法。以是義故，如來常說，汝等比丘，知我說法，如筏喻者，法尚應捨，何況非法。」

須菩提又問道：「佛陀！後世的眾生，聽聞您今日所說的微妙言說、章句，能不能因此而生起實在的信心？」

佛陀回答須菩提說：「不要這樣懷疑。在我滅度後的第五個五百年，若有持守戒律、廣修福德的人，能從這些言說章句，體悟無住的實相般若妙義，而生出難得的真實信心。應當知道這些人，不止曾經於一佛、二佛、三、四、五佛那裡種植諸善根，而是他們已於多生劫以來，奉事諸佛，種植諸善根，才能有這個因緣，在現世聽聞大乘無住的般若真理，乃至只是在一念之間生起清淨信心的人。須菩提！如來是無所不知，無所不見的，這些善根眾生，是會得到無限福德的。

「這是什麼道理呢？因為他們不再妄執有我、人、眾生、壽者四相的對待分別，不會執著有為的生滅法相，不會執著無為的空寂法相，也沒有『不是諸法』的執相。

「這是什麼緣故呢？如果眾生的一念心，在相上有所執著，就會落於我、人、眾生、壽者四相的對待分別中；同樣的，若眾生執著種種法相，即於我、人等四相有所取著。若又執著於『無法相』，同樣也會落於我、人等四相的對待分別中。因為執取『法』則會停滯於『有』，以為有一個實有的生滅法相可離；取著於『非法』，則會拘泥於『空』，以為有空寂的非法相可證得，就不能與空理相契。所以，不應執著於『法』相，也不執著於斷滅的『非法』相。

「因此，如來常說，你們諸位比丘應當明白我所說的佛法，就如同那渡人到岸的舟楫，到達彼岸之後，即應棄舟登岸，不可揹負不捨。所以，未悟道時，須依法修持，悟道後就不該執著於法，至於那偏執於『非法』的妄心，更是應當捨去。」

——無得無說分第七

「須菩提！於意云何？如來得阿耨多羅三藐三菩提耶？如來有所說法

耶？」須菩提言：「如我解佛所說義，無有定法名阿耨多羅三藐三菩提，亦無有定法如來可說。何以故？如來所說法，皆不可取、不可說、非法、非非法。所以者何？一切賢聖皆以無為法而有差別。」

「須菩提！你認為如來已證得了無上正等正覺嗎？如來有所說法嗎？」

須菩提回答說：「就我所了解，佛陀說法的義理，是沒有一定的法可稱做無上正等正覺，也沒有固定的法是如來所說。

「什麼緣故呢？如來所說的法，都是為了眾生修行及開悟眾生而假設的方便之法，不可以執取。般若實相是無法以語言詮釋的，不要執著有一個實有的菩提可得，也不要執著沒有菩提正覺，落於『有』和『空』，都是錯誤的。

「這是什麼緣故呢？因為沒有一定的法名為菩提，一切賢聖也都是依寂滅的無為法而修，因證悟的深淺不同，才產生三賢十聖等階位的差別。」

——依法出生分第八

「須菩提！於意云何？若人滿三千大千世界七寶以用布施，是人所得福德，寧為多不？」須菩提言：「甚多，世尊！何以故？是福德即非福德性，是故如來說福德多。」「若復有人，於此經中受持，乃至四句偈等，為他人說，其福勝彼。何以故？須菩提！一切諸佛及諸佛阿耨多羅三藐三菩提法，皆從此經出。須菩提！所謂佛法者，即非佛法。」

「須菩提！如果有人用三千大千世界所有珍貴的寶物去布施結緣，你認為這人所獲得的福德果報，多不多呢？」

須菩提回答道：「很多，佛陀！什麼緣故呢？因為七寶布施，所獲得的是世間有相的福德，所以佛陀說福德多；如果從性上說，沒有所謂『福德』的名稱，哪裡有多和少可說呢？佛陀不過是隨順世俗，而說七寶的布施，所獲的福德很多。」

「如果有人能夠信受奉持此經，即使只是受持其中四句偈等等，又能為他人解說，如此，他所得的福德更勝於布施七寶的人。什麼緣故呢？須菩提！因為十方一切諸佛都由此經出生，此般若法為諸佛之母。如果沒有此經，也就沒有十方一切諸佛，以及成佛的無上正等正覺法。

「須菩提，所謂的佛法，不過依俗諦而立的假名，並非是真實的佛法。因為眾生有凡聖迷悟的分別執著，佛陀為了開悟眾生不得不方便言說。佛法，就是不要執著在佛法上。」

──一相無相分第九

「須菩提！於意云何？須陀洹能作是念，我得須陀洹果不？」須菩提言：「不也，世尊！何以故？須陀洹名為入流，而無所入，不入色聲香味觸法，是名須陀洹。」

「須菩提！於意云何？斯陀含能作是念，我得斯陀含果不？」須菩提言：「不也，世尊！何以故？斯陀含名一往來，而實無往來，是名斯陀含。」

「須菩提！於意云何？阿那含能作是念，我得阿那含果不？」須菩提言：「不也，世尊！何以故？阿那含名為不來，而實無不來，是故名阿那含。」

「須菩提！於意云何？阿羅漢能作是念，我得阿羅漢道不？」須菩提言：「不也，世尊！何以故？實無有法名阿羅漢。世尊！若阿羅漢作是念，我得阿羅漢道，即為著我、人、眾生、壽者。世尊！佛說我得無諍三昧，人中最為第一，是第一離欲阿羅漢。世尊！我不作是念，我是離欲阿羅漢。世尊！我若作是念，我得阿羅漢道，世尊則不說須菩提是樂阿蘭那行者，以須菩提實無所行，而名須菩提是樂阿蘭那行。」

「須菩提！須陀洹會生起『我已證得須陀洹果』這樣的心念嗎？」

須菩提回答：「不會的，佛陀！為什麼呢？『須陀洹』的意思是『入聖流』，事實上卻是無所入的，不執著色聲香味觸法等六塵境相，因為心中沒有取捨的妄念，不隨六塵流轉，才叫做『須陀洹』。」

「須菩提！斯陀含會生起『我已證得斯陀含果』這樣的心念嗎？」

「不會的，佛陀！什麼緣故呢？『斯陀含』的意思是『一往來』，事實上，他已無往來之相，所以才叫做『斯陀含』。」

「須菩提！阿那含會生起『我已證得阿那含果』這樣的心念嗎？」

「不會的，佛陀！為什麼？『阿那含』的意思是『不來』，三果阿那含，斷除了欲界思惑以後，就永久居住於色界的四禪天，享受天上的福樂，不再來人間，所以才名為『不來』，況且心中沒有來與不來的分別，才稱為『阿那含』。若他尚有證果之念，便是著了不來之相，就不可以稱為『阿那含』。」

「須菩提！阿羅漢會生起『我已證得阿羅漢果』這樣的心念嗎？」

「不會的，佛陀！怎麼說呢？因為實際上並沒有什麼法叫作『阿羅漢』。所謂的『阿羅漢』是徹悟我、法二空，不再隨妄境動念，只是寂然如如，才為此立一假名。佛陀！如果阿羅漢起了『我得阿羅漢』的念頭，那麼，就是有了我、人、眾生、壽者等法相的對待分別，就不可以稱為『阿羅漢』。

「佛陀！您說我已證得無諍三昧，是人中第一，亦為羅漢中第一離欲的阿羅漢。但我並沒有執著『我是離欲羅漢』的念頭。佛陀！如果我有得阿羅漢道的念頭，佛陀就不會稱我為『阿羅漢』，那麼，佛陀也不會讚歎我是歡喜修阿蘭那行。因為須菩提並不存有修行的心相，妄念不生，所以才稱為是歡喜修阿蘭那行的。」

——莊嚴淨土分第十

佛告須菩提：「於意云何？如來昔在然燈佛所，於法有所得不？」「不也，世尊！如來在然燈佛所，於法實無所得。」「須菩提！於意云何？菩薩莊嚴佛土不？」「不也，世尊！何以故？莊嚴佛土者，即非莊嚴，是名莊嚴。」「是故須菩提，諸菩薩摩訶薩應如是生清淨心，不應住色生心，不應住聲香味觸法生心，應無所住而生其心。須菩提！譬如有人，身如須彌山王，於意云何？是身為大不？」須菩提言：「甚大！世尊！何以故？佛說非身，是名大身。」

佛陀再問須菩提：「你認為佛陀以前在然燈佛時，有沒有得到什麼成佛的妙法？」

「沒有的，佛陀！因為諸法實相本來清淨具足，沒有什麼可說，也沒有什麼可得的成佛妙法。如果有所得的心，就無法和真如實相契合。」

佛陀知道須菩提已領悟了真空無相法的真諦，於是接著問道：「須菩提！你認為菩薩有沒有莊嚴佛土呢？」

「沒有的，佛陀！為什麼呢？菩薩莊嚴佛土，只是度化眾生的權設方便，若存有莊嚴清淨佛土的心念，便是著相執法，就不是清淨心。著相的莊嚴佛土，就落入了世間的有漏福德，不是真正的莊嚴佛土。『莊嚴』二字，只是為了度化眾生，權立一個名相而已。」

「所以，須菩提！諸位大菩薩都應該像這樣生起清淨心，不應該對眼識所見的種種色相生起迷戀、執著，也不應該執迷於聲香味觸法等塵境，心不執著就是菩提清淨自性。

「須菩提！譬如有一個人，他的身體像須彌山王那樣高大，你認為他這個身體大不大？」

須菩提回答道：「很大的，佛陀！為什麼呢？有形色、大小的色身並不是佛陀所說的無相的法身，因此說這有相的身體為大。如果以法身而言，是不可丈量，也不是世間大小分別所能涵蓋的。」

——無為福勝分第十一

「須菩提！如恆河中所有沙數，如是沙等恆河，於意云何？是諸恆河沙寧為多不？」須菩提言：「甚多，世尊！但諸恆河尚多無數，何況其沙！」「須菩提！我今實言告汝，若有善男子、善女人以七寶滿爾所恆河沙數三千大千世界，以用布施，得福多不？」須菩提言：「甚多，世尊！」佛告須菩提：「若善男子、善女人於此經中，乃至受持四句偈等，為他人說，而此福德勝前福德。」

「須菩提！像恆河中所有沙數，每一粒沙又成一恆河，這麼多的恆河沙數，你認為算不算多呢？」

須菩提回答：「很多，佛陀！如果以一粒沙表示一個恆河，恆河尚且無法計數，何況是恆河裡的沙數呢？」

「須菩提！現在，實在地告訴你，如果有善男子、善女人拿了恆河沙數三千大千世界那樣多的七寶來布施，他們所獲得的福德多不多呢？」須菩提回答：「非常多，佛陀！」

佛陀告訴須菩提：「如果有善男子、善女人能夠信受奉持《金剛經》，甚至只是受持四句偈等，能夠將經義向他人解說，使他人也對這部經生起無限的信仰之心，那麼這個法施的福德勝過七寶布施的福德。」

——尊重正教分第十二

「復次，須菩提！隨說是經，乃至四句偈等，當知此處，一切世間天、人、阿修羅皆應供養，如佛塔廟，何況有人盡能受持讀誦。須菩提！當知是人成就最上第一希有之法。若是經典所在之處，即為有佛，若尊重弟子。」

「再者，須菩提！不論是什麼人，何時何地能夠隨緣解說這部《金剛經》，甚至只是經中的四句偈，這個講經的地方，世間所有的天、人、阿修羅等，都應該前來護持、恭敬供養，就如同供養佛的塔廟一樣，更何況現在有人能盡他的所能，對這部經義信受奉行、讀誦受持。須菩提！你們應當知道，這樣的人已成就了最上第一稀有的妙法。這部經典所在的地方，就是佛的住處，應當恭敬供養，並應尊重佛陀的一切弟子，因為有佛的地方，必定有聖賢弟子大眾隨侍左右。」

如法受持分第十三

爾時，須菩提白佛言：「世尊！當何名此經？我等云何奉持？」佛告須菩提：「是經名為『金剛般若波羅蜜』，以是名字，汝當奉持。所以者何？須菩提！佛說般若波羅蜜，即非般若波羅蜜，是名般若波羅蜜。須菩提！於意云何？如來有所說法不？」須菩提白佛言：「世尊！如來無所說。」

「須菩提！於意云何？三千大千世界所有微塵是為多不？」須菩提言：「甚多，世尊！」「須菩提！諸微塵，如來說非微塵，是名微塵；如來說世界，非世界，是名世界。須菩提！於意云何？可以三十二相見如來不？」「不也，世尊！不可以三十二相得見如來。何以故？如來說三十二相，即是非相，是名三十二相。」「須菩提！若有善男子、善女人以恆河沙等身命布施，若復有人，於此經中乃至受持四句偈等，為他人說，其福甚多！」

這時候，須菩提請示佛陀說道：「佛陀！這部經應當如何稱呼呢？我們應當如何信受奉持？」

佛陀告訴須菩提：「這部經的名字就叫做『金剛般若波羅蜜』，以此名稱，你應當奉持。為什麼呢？須菩提！佛陀所說的般若波羅蜜，乃為令眾生迷途知返、離苦得樂所立的假名，隨應眾生機緣說法，其實並不是有一個般若可以取著，只因為法本無說，心亦無名。」

「須菩提！你以為如來有所說法嗎？」

須菩提回答道：「佛陀！如來無所說法。」

「須菩提！你以為三千大千世界的所有微塵，算不算多呢？」

須菩提回答說：「非常多，佛陀！」

「須菩提！這些微塵，畢竟也只是因緣聚合的假相，所以如來說這些微塵，不是具有真實體的微塵，只是假名叫作『微塵』而已。如來所說的三千大千世界也是緣成則聚，緣盡則滅，空無自性，不是真實不變的，只是假名為世界而已。須菩提！你以為可不可以從三十二相上見到如來呢？」

「不可以的，佛陀！不可以從三十二相上見如來。為什麼呢？如來說這三十二相，是為度化眾生而出現的因緣假相，假名為『三十二相』而已。」

「須菩提！如果有善男子、善女人用恆河沙數的身命來布施，不如有人只從這部經典信受奉持，甚至只是經中的四句偈，並且為他人解說，使他明了自性，他所得的福德就非常多了。」

離相寂滅分第十四

爾時，須菩提聞說是經，深解義趣，涕淚悲泣而白佛言：「希有世尊！佛說如是甚深經典，我從昔來所得慧眼，未曾得聞如是之經。世尊！若復有人得聞是經，信心清淨，即生實相，當知是人成就第一希有功德。世尊！是實相者，即是非相，是故如來說名實相。世尊！我今得聞如是經典，信解受持，不足為難。若當來世，後五百歲，其有眾生，得聞是經，信解受持，是人則為第一希有。何以故？此人無我相、無人相、無眾生相、無壽者相。所以者何？我相即是非相，人相、眾生相、壽者相即是非相。何以故？離一切諸相，即名諸佛。」

這時候，須菩提聽聞了這部經的妙義，深深地了悟《金剛經》的義理旨趣，感激涕零地向佛陀頂禮讚歎，請示佛陀：「世上稀有的佛陀！佛陀所說甚深微妙的經典，是我證得阿羅漢果，獲得慧眼以來，還未曾聽聞到的。佛陀！如果有人聽聞了這經法，而能信心清淨，那麼，他便有了悟實相的智慧，應當知道這人已經成就了第一稀有的功德。佛陀！實相即是非一切相，所以如來說以非一切相之本相，不執求、不住著，即名為實相。

「佛陀！我今日能夠親聞佛陀講這部經典，能夠信解受持，這並不是難事，若是到了末法時代，最後五百年，如果有眾生，在那時聽聞這微妙經義，而能夠信心清淨，信受奉持，這個人便是世上第一稀有的人。為什麼呢？因為這人已經頓悟真空之理，沒有我、人、眾生、壽者等四相的分別了。為什麼呢？因為這四相本非真實，如果能離這些虛妄分別的幻相，那麼，就沒有我、人、眾生、壽者等四相的執著了。為什麼呢？遠離一切虛妄之相，便與佛無異，而可以稱之為佛了。」

佛告須菩提：「如是如是！若復有人，得聞是經，不驚、不怖、不畏，當知是人，甚為希有。何以故？須菩提！如來說第一波羅蜜，即非第一波羅蜜，是名第一波羅蜜。須菩提！忍辱波羅蜜，如來說非忍辱波羅蜜，是名忍辱波羅蜜。何以故？須菩提！如我昔為歌利王割截身體，我於爾時無我相、無人相、無眾生相、無壽者相。何以故？我於往昔節節支解時，若有我相、人相、眾生相、壽者相，應生瞋恨。須菩提！又念過去於五百世作忍辱仙人，於爾所世無我相、無人相、無眾生相、無壽者相。」

佛陀回答須菩提說：「正是如此！如果有人聽聞這部經，而對於般若空理能夠不驚疑、不恐怖、不生畏懼，應當知道，這人是非常甚為稀有難得的。為什麼呢？須菩提！因為他了悟了如來所說的第一波羅蜜，即不是第一波羅蜜，因六波羅蜜，性皆平等，無高低次第，並沒有所謂的第一波羅蜜。第一波羅蜜只是方便的假名而已。

「須菩提！忍辱波羅蜜，如來說不要執著於忍辱波羅蜜，因為般若本性是寂然不動的，哪裡有忍辱、不忍辱的分別呢？忍辱波羅蜜也只是度化眾生的假名而已。為什麼呢？須菩提！我過去有一世，被歌利王節節支解身體，當時，如果有我、人、眾生、壽者等四相的執著，便會生起瞋恨心。

「須菩提！我回想起過去修行忍辱波羅蜜的五百世中，那時我的內心也無我、人、眾生、壽者四相的執著，所以能慈悲忍辱，不生瞋恨。」

「是故須菩提！菩薩應離一切相，發阿耨多羅三藐三菩提心，不應住色生心，不應住聲香味觸法生心，應生無所住心，若心有住，即為非住。是故佛說菩薩心，不應住色布施。須菩提！菩薩為利益一切眾生，應如是布施。如來說一切諸相即是非相，又說一切眾生即非眾生。須菩提！如來是真語者、實語者、如語者、不誑語者、不異語者。須菩提！如來所得法，此法無實無虛。須菩提！若菩薩心住於法而行布施，如人入闇，即無所見；若菩薩心不住法而行布施，如人有目，日光明照，見種種色。須菩提！當來之世，若有善男子、善女人能於此經受持讀誦，即為如來以佛智慧，悉知是人，悉見是人，皆得成就無量無邊功德。」

「所以，須菩提！菩薩應該捨離一切妄相，發無上正等正覺的菩提心，不應該住於色塵上生心，也不應該住於聲香味觸法等諸塵上生心，應當無所執著而生清淨心。如果心有所住，便會隨境而迷，就無法無住而生其心了。所以佛陀說：菩薩不應該有任何事相上的執著，而行布施。須菩提！菩薩發心為了利益一切眾生，便應該如此不住相布施。如來說，一切色相無非是邪計謬見，業果虛妄的假相，所以一切相即非真相，不過是因緣聚合的幻現而成，非有非空，不應執著。又說，一切眾生是地水火風四大因緣聚合而成，生滅變化，不應著有，不應著空，應無所執著，所以一切眾生即不是執著。

「須菩提！如來所說的法是不妄的、不虛的、如所證而語的、不說欺誑的話。

「須菩提！如來所證悟的法，既非實又非虛無。

「須菩提！如果菩薩心裡執著有一個可布施的法而行布施，就像一個人掉入黑暗中一樣，一無所見。如果菩薩心能不住法而行布施，就像人有眼睛，在日光照射下，能洞見一切萬物。

「須菩提！未來之時，如果有善男子、善女人，能從這部經信受奉行、諷誦受持，即為如來以佛的智慧，悉知悉聞悉見這人，成就無量無邊無盡的功德。」

——持經功德分第十五

「須菩提！若有善男子、善女人，初日分以恆河沙等身布施，中日分復以恆河沙等身布施，後日分亦以恆河沙等身布施，如是無量百千萬億劫，以身布施。若復有人聞此經典，信心不逆，其福勝彼；何況書寫、受持、讀誦，為人解說。須菩提！以要言之，是經有不可思議，不可稱量，無邊功德。如來為發大乘者說，為發最上乘者說。若有人能受持讀誦，廣為人說，如來悉知是人，悉見是人，皆得成就不可量，不可稱，無有邊，不可思議功德。如是人等，即為荷擔如來阿耨多羅三藐三菩提。何以故？須菩提！若樂小法者，著我見、人見、眾生見、壽者見，即於此經不能聽受讀誦、為人解說。須菩提！在在處處若有此經，一切世間天、人、阿修羅，所應供養，當知此處即為是塔，皆應恭敬，作禮圍遶，以諸華香而散其處。」

「須菩提！如果有善男子、善女人一天三次於早晨、中午、夜晚時，都能行恆河沙數量多的身布施，經過百千萬億劫都沒有間斷過，這個人所得的福德，的確難以計量。但是，如果一個人聽聞《金剛經》的經義，誠信不疑，並悟得般若真理，發心依教修持，那麼他所得的福德，勝過以身命布施的人。更何況進一步書寫、受持、讀誦，為他人解說《金剛經》的人，他不但明了自己的本性，更使他人見性，那麼他所得的福德，就更加不可勝數。

「須菩提！總而言之，這部經所具的功德之大，不是心所能思，口所能議，秤所能稱，尺所能量的，它重過須彌，深逾滄海，不但功德大，而且義理深，是如來專門為發大乘菩薩道心，以及發最上佛乘的眾生而說的！如果有人能受持讀誦《金剛般若波羅蜜經》，並且廣為他人說法，如來會完全知道此人，並眼見此人，皆能夠成就不可稱量、無有邊際、不可思議的功德。唯有這等具備般若智慧，而又能讀誦解說經義的行者，才能承擔如來『無上正等正覺』的家業。為什麼呢？須菩提！一般樂於小法的二乘人，執著我見、人見、眾生見、壽者見，對於此部大乘無相無住的妙義，是無法相信、接受的，更不願讀誦，更不用說為他人解說了。

「須菩提！般若智慧在人人貴，在處處尊，所以不論何處，只要有這部經的地方，一切世間天、人、阿修羅等都應當恭敬供養。應當知道，此經所在之處即是塔廟，一切眾生都要恭敬頂禮圍繞，以芳香的花朵散其四周，虔誠供養。」

——能淨業障分第十六

「復次，須菩提！若善男子、善女人受持讀誦此經，若為人輕賤，是人先世罪業應墮惡道，以今世人輕賤故，先世罪業即為消滅，當得阿耨多羅三藐三菩提。須菩提！我念過去無量阿僧祇劫於然燈佛前，得值八百四千萬億那由他諸佛，悉皆供養承事，無空過者；若復有人於後末世，能受持讀誦此經，所得功德，於我所供養諸佛功德，百分不及一，千萬億分，乃至算數譬喻所不能及。須菩提！若善男子、善女人於後末世有受持讀誦此經，所得功德，我若具說者，或有人聞，心即狂亂，狐疑不信。須菩提！當知是經義不可思議，果報亦不可思議。」

「再者，須菩提！如果有善男子、善女人一心修持讀誦此經，若不得人天恭敬，反而受人譏罵或是輕賤，那是因為這個人前世所造的罪業很重，本應墮入三惡道中去受苦。但是，他能在今世受人輕賤，依然忍辱修持，信受此經，由於信心清淨，就可使前世的罪業漸漸消滅，將來證得無上正等正覺。

「須菩提！我回想起過去無數劫前，在然燈佛前，值遇八百四千萬億那由他諸佛，都一一親承供養，一個也沒有空過。假使有人在末法之中，能誠心地受持讀誦此經，所得的功德，比起我所供養諸佛的功德相較，後者的功德不及前者（誠心地受持讀誦此經）的百分之一，千萬億分之一，甚至是算數、譬喻所無法相比的。

「須菩提！若有善男子、善女人於末法之中受持讀誦此經，我具體說明所得到的功德之多，或者有人聽我說這些功德，其心會紛亂如狂，狐疑而不相信。須菩提！這部經的義理甚深，不可思、不可議，所以持受它所能證得的果報也就不可思議。」

——究竟無我分第十七

爾時，須菩提白佛言：「世尊！善男子、善女人發阿耨多羅三藐三菩提心，云何應住？云何降伏其心？」佛告須菩提：「善男子、善女人發阿耨多羅三藐三菩提者，當生如是心：『我應滅度一切眾生，滅度一切眾生已，而無有一眾生實滅度者。』何以故？須菩提！若菩薩有我相、人相、眾生相、壽者相，即非菩薩。所以者何？須菩提！實無有法發阿耨多羅三藐三菩提心者。須菩提！於意云何？如來於然燈佛所，有法得阿耨多羅三藐三菩提不？」「不也，世尊！如我解佛所說義，佛於然燈佛所，無有法得阿耨多羅三藐三菩提。」

這時候，須菩提向佛陀請示道：「佛陀！善男子、善女人發心求無上正等正覺，應該如何保持那顆菩提心？如何降伏那妄想動念的心？」

佛陀對須菩提說：「善男子、善女人如果已經發心求無上正等正覺，應當如是發心：『我應該發起無上清淨心，使眾生滅除一切煩惱，到達涅槃境界，但卻不認為眾生是因我而滅度的。』為什麼呢？須菩提！如果菩薩還有我相、人相、眾生相、壽者相等分別，那麼，他就不是菩薩。為什麼呢？須菩提！實際上，並沒有一種法名為發心求無上正等正覺。須菩提！你想，當年佛陀在然燈佛那裡，有沒有一種法讓他證得無上正等正覺的清淨菩提？」

須菩提回答道：「沒有的，佛陀！依我理解佛陀所講的，佛陀在然燈佛那裡，只是了悟諸法空相，不是因為有一種法讓他證得無上正等正覺。」

佛言：「如是！如是！須菩提！實無有法，如來得阿耨多羅三藐三菩提。須菩提！若有法如來得阿耨多羅三藐三菩提者，然燈佛即不與我授記：『汝於來世當得作佛，號釋迦牟尼。』以實無有法得阿耨多羅三藐三菩提，是故然燈佛與我授記，作是言：『汝於來世當得作佛，號釋迦牟尼。』何以故？如來者，即諸法如義。若有人言：『如來得阿耨多羅三藐三菩提。』須菩提！實無有法，佛得阿耨多羅三藐三菩提。須菩提！如來所得阿耨多羅三藐三菩提，於是中無實無虛。是故如來說，一切法皆是佛法。須菩提！所言一切法者，即非一切法，是故名一切法。」

佛陀聽完須菩提肯定的答覆，喜悅地說道：「正是如此！須菩提！實際上，並沒有一種法令如來證得無上正等正覺的清淨菩提。須菩提！如果我有得到一種法名為『無上正等正覺』，然燈佛就不會為我授記說：『你在來世，一定作佛，名釋迦牟尼。』正因為沒有所謂『無上正等正覺』的法可得，然燈佛才為我授記：『你在來世當得作佛，名叫釋迦牟尼。』

「為什麼呢？所謂『如來』，就是一切諸法，體性空寂，是絕對的平等，超越所有差別的執著。佛陀已證入此理，因此才名為『如來』。如果有人說，如來得了無上正等正覺。

須菩提！實際上並沒有一種法，令佛得到無上正等正覺，只是為了讓眾生明了修行的趣向，才方便設有『無上正等正覺』的假名。

「須菩提！我所得無上正等正覺，是虛實不二：不能執為實有所得，也不能執為空無；因為一切諸法萬象，無一不是從此空寂性體所顯現的，所以，如來說一切諸法都是佛法。

「須菩提！所說一切法，只是就隨順世諦事相而言，就空寂性體的立場，一切萬事萬物，都不是真實的，以此顯發的事相，而立種種假名。」

> 「須菩提！譬如人身長大。」須菩提言：「世尊！如來說人身長大，即為非大身，是名大身。」「須菩提！菩薩亦如是，若作是言：『我當滅度無量眾生。』即不名菩薩。何以故？須菩提！實無有法名為菩薩；是故佛說一切法無我、無人、無眾生、無壽者。須菩提！若菩薩作是言：『我當莊嚴佛土。』是不名菩薩。何以故？如來說莊嚴佛土者，即非莊嚴，是名莊嚴。須菩提！若菩薩通達無我法者，如來說名真是菩薩。」

佛陀接著說：「須菩提，譬如人身長大。」須菩提回答道：「佛陀！您說過，這高大健壯的色身，畢竟是個無常虛假的形相，緣聚則成，緣盡則滅，所以不是『大身』，只是假名『大身』而已。」

「須菩提！菩薩也應當明白這樣的道理，如果他作是說：『我應當滅度無量的眾生。』他就不是菩薩。為什麼呢？須菩提！實際上沒有一個法名為『菩薩』，都是因緣假名，所以我說一切諸法，都沒有我、沒有人、沒有眾生、沒有壽者等四法的分別。

「須菩提！如果菩薩作是說：『我當莊嚴佛土。』就不能名為菩薩，因為落入凡夫的我見法執。為什麼呢？佛陀說莊嚴佛土，並不是有一真實的佛土可莊嚴，只是為了引度眾生，修福積慧，滌除內心的情念妄執，而假名『莊嚴佛土』。須菩提！如果菩薩通達諸法無我的真理，那麼，如來說他是真正的菩薩。」

——一體同觀分第十八

「須菩提！於意云何？如來有肉眼不？」「如是，世尊！如來有肉眼。」

「須菩提！於意云何？如來有天眼不？」「如是，世尊！如來有天眼。」

「須菩提！於意云何？如來有慧眼不？」「如是，世尊！如來有慧眼。」

「須菩提！於意云何？如來有法眼不？」「如是，世尊！如來有法眼。」

「須菩提！於意云何？如來有佛眼不？」「如是，世尊！如來有佛眼。」

「須菩提！於意云何？如恆河中所有沙，佛說是沙不？」「如是，世尊！如來說是沙。」「須菩提！於意云何？如一恆河中所有沙，有如是沙等恆河，是諸恆河所有沙數佛世界，如是寧為多不？」「甚多，世尊！」佛告須菩提：「爾所國土中，所有眾生若干種心，如來悉知。何以故？如來說諸心，皆為非心，是名為心。所以者何？須菩提！過去心不可得，現在心不可得，未來心不可得。」

「須菩提！你認為如來有肉眼嗎？」

須菩提答：「有的，佛陀，如來有肉眼。」

佛陀又問，「如來有天眼嗎？」

「是的，佛陀！如來也有天眼。」

「須菩提！如來有慧眼嗎？」

「是的，如來具有慧眼。」

「如來有沒有法眼？」

「是的，如來具有法眼。」

「須菩提！如來具有遍照一切世界的佛眼嗎？」

「是的，佛陀！如來有佛眼。」

「須菩提！你認為恆河中的所有沙粒，如來說是不是沙？」

「是的，如來說是沙。」

「須菩提！如果一沙一世界，那麼像一條恆河沙數量那麼多的恆河，這河中的每一粒沙都代表一個佛世界的話，如此，佛世界算不算多？」

「很多的，佛陀！」

佛陀又問，「須菩提！如你剛才所說，佛眼可攝一切眼，一沙可攝一切沙，在諸佛世界中的一切眾生，所有種種不同的心，佛也是完全知曉的。為什麼呢？因為眾生的心源與佛如一，眾生心即是佛心，所以，如來能悉知眾生心性。但是，眾生往還於六道，隨業逐流，遺失了本心，反而被六塵的妄想心所蒙蔽，而生出種種虛妄心念，這種種心念，都不是真實不變的心性，只是一時假名為心而已。這過去之心、現在之心、未來之心，都是無常虛妄之心，是不可得的。」

——法界通化分第十九

「須菩提！於意云何？若有人滿三千大千世界七寶以用布施，是人以是因緣，得福多不？」「如是，世尊！此人以是因緣，得福甚多。」「須菩提！若福德有實，如來不說得福德多；以福德無故，如來說得福德多。」

「須菩提！如果有人拿了滿三千大千世界的七寶來布施的話，你想，這個人以此因緣，他得到的福報多不多呢？」

「是的，佛陀！這個人以此因緣得福很多。」

「須菩提！如果福德有實在的體性，那麼，我也就不會說得福德多了。正因為以不可得心為因，用七寶為緣，以如是因，如是緣，福德二字只是說明無相布施，所以我才說得福德多。」

離色離相分第二十

「須菩提！於意云何？佛可以具足色身見不？」「不也，世尊！如來不應以具足色身見，何以故？如來說具足色身，即非具足色身，是名具足色身。」「須菩提！於意云何？如來可以具足諸相見不？」「不也，世尊！如來不應以具足諸相見。何以故？如來說諸相具足，即非具足，是名諸相具足。」

「須菩提！你認為，佛可以從具足色身見到嗎？」

「不可以的，佛陀！不應該從圓滿莊嚴的色身之處去見如來。為什麼呢？因為如來說過，圓滿報身（即所謂的『具足色身』），只是因緣假合的幻相，緣盡則滅，不是真實不變的實體，只是假名為『色身』而已。」

「須菩提！可以從具足諸相中見到如來嗎？」

「不可以的，佛陀！不應從三十二相、八十種好之處去見如來。為什麼呢？因為如來所說的諸相具足，是為了度化眾生才顯現的，並非真實的相貌，不過是一時的假名罷了。」

──非說所說分第二十一

「須菩提！汝勿謂如來作是念：『我當有所說法。』莫作是念，何以故？若人言如來有所說法，即為謗佛，不能解我所說故。須菩提！說法者，無法可說，是名說法。」爾時，慧命須菩提白佛言：「世尊！頗有眾生於未來世聞說是法，生信心不？」佛言：「須菩提！彼非眾生，非不眾生，何以故？須菩提！眾生眾生者，如來說非眾生，是名眾生。」

「須菩提！你不要認為我懷著『我當有所說法』的心念。為什麼呢？如果有人說如來『有所說法』，那是毀謗佛陀，因為他不能了解我所說的。須菩提！一切言說是開啟眾生本具的真如自性，為了祛除眾生妄念，隨機化度，隨緣而說，種種言聲的說法，也只是一時的方便言語，暫且給它一個『說法』的假名。」

這時候，深具智慧的須菩提問佛陀說：「佛陀！未來的眾生聽了您今日『無說而說』的妙義之後，能生起信心嗎？」

佛陀說：「須菩提！他們既不是眾生，也不能說不是眾生。為什麼呢？就法性空寂而言，他們也是佛，是尚未了悟真理的佛。佛也是眾生，是已悟道的眾生。但是，又不能不稱之為眾生，因為他們雖已經聽聞佛法，生起信心，但還未能悟道，所以於事相上說，稱他們為眾生。須菩提！從真如本性上來說，眾生即佛，原來沒有什麼眾生不眾生的，『眾生』也只是一時的假名而已。」

——無法可得分第二十二

須菩提白佛言：「世尊！佛得阿耨多羅三藐三菩提，為無所得耶！」佛言：「如是如是！須菩提！我於阿耨多羅三藐三菩提，乃至無有少法可得，是名阿耨多羅三藐三菩提。」

須菩提心有所悟，向佛陀說：「佛陀！您得無上正等正覺，是真無所得！」

佛陀印可說：「是的，須菩提！不僅是無上正等正覺，乃至纖毫之法，我都無所得。得者，因為有失也，我本無所失，何來有得？『無上正等正覺』之名，指的是覺悟自性，而不是有所得。」

——淨心行善分第二十三

「復次，須菩提！是法平等，無有高下，是名阿耨多羅三藐三菩提。以無我、無人、無眾生、無壽者，修一切善法，即得阿耨多羅三藐三菩提。須菩提！所言善法者，如來說即非善法，是名善法。」

「其次，須菩提！平等、沒有高下分別的法，才名為『無上正等正覺』。只要眾生不執著於我相、人相、眾生相、壽者相的妄想分別，去修持一切善法，那麼即可悟得無上正等正覺。須菩提！所謂的善法，也不過是因緣和合的假象，不可著相。善法之名，不過是隨順世俗事相而言。」

福智無比分第二十四

「須菩提！若三千大千世界中所有諸須彌山王，如是等七寶聚，有人持用布施；若人以此《般若波羅蜜經》，乃至四句偈等，受持讀誦，為他人說，於前福德百分不及一，百千萬億分，乃至算數譬喻所不能及。」

「須菩提！如果以三千大千世界中，所有須彌山王作比較，有人用七寶，集滿所有的須彌山王，用來布施，這個人所得的福德，當然是很多的。但是如果有人只是受持讀誦這部《金剛般若波羅蜜經》，乃至經中的四句偈，並且又能為他人解說，他所得的福德，相較於前者，七寶布施的福德，是百分不及一、百千萬億分不及一，甚至是算數譬喻所不能相比的。」

化無所化分第二十五

「須菩提！於意云何？汝等勿謂如來作是念：『我當度眾生。』須菩提！莫作是念。何以故？實無有眾生，如來度者，若有眾生，如來度者，如來即有我、人、眾生、壽者。須菩提！如來說有我者，即非有我，而凡夫之人，以為有我。須菩提！凡夫者，如來說即非凡夫，是名凡夫。」

「須菩提！你不要說，我還有『眾生可度』的念頭，你不要有這樣的想法。為什麼呢？因為眾生當體即空，並無實在之相，如果我還生心動念，認為有眾生可度，那麼連我自己也落入我、人、眾生、壽者四相的執著之中。

「須菩提！如來所說的『我』，事實上是假相的我，是為了度化眾生，權巧方便設立的，但是凡夫卻以為有個真實的我。須菩提！一切凡夫都具有如來智慧，凡夫與佛本來平等，所以凡夫並非凡夫，只是因為他一時隨逐妄緣，未能了悟生死，暫時假名為凡夫。」

——法身非相分第二十六

「須菩提！於意云何？可以三十二相觀如來不？」須菩提言：「如是如是！以三十二相觀如來。」佛言：「須菩提！若以三十二相觀如來者，轉輪聖王即是如來。」須菩提白佛言：「世尊！如我解佛所說義，不應以三十二相觀如來。」爾時，世尊而說偈言：

若以色見我，以音聲求我；
是人行邪道，不能見如來。

「須菩提！你認為可以從三十二相觀見到如來嗎？」

須菩提：「是的，佛陀！可以從三十二相觀見如來。」

佛陀說：「須菩提！若能以三十二相觀見如來，那麼轉輪聖王也具足三十二相，他也是如來了。」

須菩提回答：「佛陀！如我解悟佛陀所說之義，是不可以從三十二相觀見如來的。」這時候佛陀以偈說道：

「若有人想以色見我，以聲音求我；此人心有住相，就是行邪道，這是沒有辦法見到真實的如來。」

——無斷無滅分第二十七

「須菩提！汝若作是念：『如來不以具足相故，得阿耨多羅三藐三菩提。』須菩提！莫作是念：『如來不以具足相故，得阿耨多羅三藐三菩提。』須菩提！汝若作是念：『發阿耨多羅三藐三菩提心者，說諸法斷滅。』莫作是念。何以故？發阿耨多羅三藐三菩提心者，於法不說斷滅相。」

「須菩提！你不要有這樣的念頭，以為如來因不以具足相的緣故，才得到無上正等正覺的。須菩提！不要認為如來因不以具足相而得到無上正等正覺。須菩提！你如果生起這樣的想法，發無上正等正覺菩提心，就會說諸法斷滅，落入斷滅的偏執，認為不需要有什麼善法的修行。為什麼呢？因為發無上正等正覺心的人，於法不說斷滅相，不著法相，也不著斷滅相。」

——不受不貪分第二十八

「須菩提！若菩薩以滿恆河沙等世界七寶持用布施，若復有人，知一切法無我，得成於忍，此菩薩勝前菩薩所得功德。何以故？須菩提！以諸菩薩不受福德故。」須菩提白佛言：「世尊！云何菩薩不受福德？」「須菩提！菩薩所作福德，不應貪著，是故說不受福德。」

「須菩提！菩薩若用滿恆河沙等世界的七寶來布施，所得功德當然無法計量。如果明白一切法無我，皆由因緣所生，無有真實有恆的體性，由此了知無生無滅，不為外境所動，即與空性相應。內無貪念，外無所得，親證無生法忍，那麼，這位菩薩所得的功德要比七寶布施的菩薩更多的。為什麼呢？須菩提！因為諸菩薩是不受福德相的限制。」

須菩提問：「為什麼說諸菩薩不受福德的限制呢？」

「須菩提！菩薩所作福德，不應貪求而生起執著。因為菩薩行利益眾生的事，是發菩提心，而不是貪求福德，是利他而非利己。菩薩修一切善法，行六度萬行，不著相布施，心中並沒有計較福德的妄念，所以才說菩薩不受福德相的限制。」

——威儀寂靜分第二十九

「須菩提！若有人言：『如來若來、若去、若坐、若臥。』是人不解我所說義。何以故？如來者，無所從來，亦無所去，故名如來。」

「須菩提！如果有人說，如來也有來、去、坐、臥等相，這個人就是不了解我的深意了。為什麼呢？所謂『如來』者，實在是無所來處，也無所去處，所以才稱為如來。因為如來就是法身，法身無形無相，遍滿虛空，無所不在，寂然不動，哪裡還有來去之名呢？眾生所見的語默動靜之相，不過是如來的應化之身，應化身為隨眾生之機緣感應有隱有現，但是法身則恆常寂靜，從未有來、去、坐、臥的相狀。」

——一合理相分第三十

「須菩提！若善男子、善女人，以三千大千世界碎為微塵，於意云何？是微塵眾，寧為多不？」「甚多，世尊！何以故？若是微塵眾實有者，佛即不說是微塵眾。所以者何？佛說微塵眾，即非微塵眾，是名微塵眾。世尊！如來所說三千大千世界，即非世界，是名世界。何以故？若世界實有者，即是一合相，如來說一合相，即非一合相，是名一合相。須菩提！一合相者，即是不可說，但凡夫之人貪著其事。」

「須菩提！如果有善男子、善女人把三千大千世界都碎成微塵，你認為這些微塵多不多呢？」

「太多了，佛陀！為什麼呢？如果這些微塵眾是實有恆常的體性，佛陀就不會說它多了。佛陀所說的微塵眾，實是因緣所生的假相，並沒有恆常不變的自性，只是一個假名而已。佛陀！如來說過『三千大千世界』並非即是真實恆常的世界，也僅是一個假名而已。為什麼呢？如果世界是實有的，那就是一合相。如來說的一合相，也非實有，緣生則聚，緣散即無，一個假名罷了。須菩提！所謂『一合相』，沒有定相可言，如何可以言說？但是凡夫執著取相，總是貪戀執著有一個真實的『一合相』。」

——知見不生分第三十一

「須菩提！若人言：『佛說我見、人見、眾生見、壽者見。』須菩提！於意云何？是人解我所說義不？」「不也，世尊！是人不解如來所說義。何以故？世尊說我見、人見、眾生見、壽者見，即非我見、人見、眾生見、壽者見，是名我見、人見、眾生見、壽者見。」「須菩提！發阿耨多羅三藐三菩提心者，於一切法應如是知，如是見，如是信解，不生法相。須菩提！所言法相者，如來說即非法相，是名法相。」

「須菩提！如果有人說，佛陀宣說的我見、人見、眾生見、壽者見是真實的。須菩提！你認為這個人了解我所說的深意嗎？」

「佛陀！這個人不曾了解您所說的深意。為什麼呢？佛陀說我見、人見、眾生見、壽者見，都是虛妄不實的，只是隨緣而設立的假名。」

「須菩提！發無上正等正覺之心的人，對於一切世間法、出世間法，都應該如實去知，如實去見，如實去信解，心中不對一切法相妄起執著。須菩提！你應當知道，所謂的法相，並非有真實不變的法相，只是緣起的假相，佛陀暫時應機說法的假名而已。」

——應化非真分第三十二

「須菩提！若有人以滿無量阿僧祇世界七寶，持用布施，若有善男子、善女人發菩提心者，持於此經，乃至四句偈等，受持讀誦，為人演說，其福勝彼。云何為人演說？不取於相，如如不動。何以故？

「一切有為法，如夢幻泡影，

如露亦如電，應作如是觀。」

佛說是經已，長老須菩提及諸比丘、比丘尼、優婆塞、優婆夷，一切世間天人、阿修羅，聞佛所說，皆大歡喜，信受奉行。

「須菩提！如果有人以充滿無量阿僧祇世界的七寶，以此為布施。如果有善男子、善女人發無上菩提心，受持這部《金剛經》，哪怕只有四句偈而已，他能信受讀誦，且為他人解說，那麼，他的福德自然要勝過行七寶布施的人。要如何為他人演說呢？當不執著於一切相，隨緣說法而如如不動。為什麼呢？

「因為一切世間的有為諸法，就像夢境的非真，幻化的無實，水泡的易滅，影子的難存；又如早晨，太陽出來就蒸發的露珠，閃電的瞬間即滅。應作如是的觀照啊！」

此時，佛陀說《金剛經》已經圓滿了，長老須菩提，及同時在法會聽經的比丘、比丘尼，優婆塞、優婆夷，一切世間的天、人、阿修羅等，聽聞了佛陀說法，無不法喜充滿，一心信受奉行。

編按

本書《金剛經》原典採用後秦鳩摩羅什譯本，輔以梁昭明太子所定之三十一分（段落）為科目，星雲大師分段做白話譯釋。其中，三十二分並非經典原文，閱讀誦念時毋需念出。

成就的祕訣：金剛經

看世界的方法 225

作者——星雲大師

美術設計——吳佳璘
特約編輯——蔡昀庭
內頁攝影——林煜幃

董事長——林明燕
副董事長——林良珀
藝術總監——黃寶萍

社長——許悔之
總編輯——林煜幃
副總編輯——施彥如
美術主編——吳佳璘
主編——魏于婷
行政助理——陳芃妤

策略顧問——黃惠美・郭旭原
郭思敏・郭孟君
顧問——張佳雯・施昇輝
謝恩仁・林志隆
法律顧問——國際通商法律事務所
邵瓊慧律師

出版——有鹿文化事業有限公司｜台北市大安區信義路三段106號10樓之4
T. 02-2700-8388｜F. 02-2700-8178｜www.uniqueroute.com
M. service@uniqueroute.com

製版印刷——鴻霖印刷傳媒股份有限公司

總經銷——紅螞蟻圖書有限公司｜台北市內湖區舊宗路二段121巷19號
T. 02-2795-3656｜F. 02-2795-4100｜www.e-redant.com

特許發行——香海文化事業有限公司｜台北市信義區松隆路327號9樓
新北市三重區三和路三段117號6樓｜T. 02-2971-6868｜F. 02-2971-6577
http://gandhabooks.com

ISBN——978-626-7262-11-5
初版——2010年11月
二版第一次印行——2023年4月

定價——360元

成就的祕訣：金剛經 / 星雲大師著 —二版．— 臺北市：有鹿文化，2023.4．面；（看世界的方法；225）
ISBN 978-626-7262-11-5　1. 般若部　221.44……112002968